故里鄉情

前陸軍副司令黃奕炳的金門故事

黃奕炳——著

【推薦序】儒將解甲　書寫故里鄉情

允文允武的黃奕炳將軍，是我銘傳大學應用中文研究所博士班的學生，如果順利，這個夏天應該可以獲頒學位。

黃將軍在四十餘載的軍旅生涯中，精研部隊戰訓、軍事教育、軍備與人事、領導統御等專業，曾歷練國軍各階層重要軍職：陸軍官校學生部隊指揮官、金防部第三處處長、烈嶼守備區指揮官、士官學校校長、國防大學教育長、陸軍步兵訓練指揮部指揮官兼步兵學校校長、國防部人事參謀次長、陸軍第十軍團兼中部作戰區指揮官、國防部常務次長、陸軍副司令及國防部總督察長等職，軍事學經歷完整，勳績顯著，在軍界表現頗有好評。

我與黃將軍是同鄉世交，家兄德禹，曾在政戰學校政研所碩士班授予《社會科學研究方法》；舍弟德新，在政界與時任國防部常務次長的黃將軍，迭有業務往來，對其素養與為人均甚熟稔。我早些年在金門同鄉會中和黃將軍相逢，便鼓勵他來銘傳攻讀博士，因為他出身陸軍官校，又擁有政戰學校政治研究所與台灣大學國家發展所的雙碩士學位，政治、軍事領域，有一定的素養，如能以其醇厚文化底蘊再修得博士學位，眼界將更寬廣，生命意義更臻新境。

果真，黃將軍一退伍便來報考銘傳大學應中所了。始終如一的為學態度，認真執著、務實誠篤；報考前，黃將軍自學研讀過去不曾探究的文學史論科目，提報未來研究方向在譜牒和僑鄉文學，鑽研深入，十分完備，予人印象深刻；入學後，謙遜低調，敬師樂群，修習學分、撰寫報告、提交論文、參與學術研討會等等，無不全力以赴，各科成績均列優等，堪稱表率，備受年輕同學們敬重，深得我心。

黃將軍昔日軍務倥傯，卸下軍服後，仍在退輔會投資之事業單位任職，在職進修博士之餘，不忘關心故鄉公共事務，擔任「金門申請世界文化遺產委員會」委員，為戰地史蹟之保存維護，戮力不懈，回饋家鄉；同時間，黃將軍也在家鄉金門營建「家族故事館」，且秉持為家族寫歷史、為先人留足跡之使命感，著手撰寫家族源流、先祖小傳、家族建築史蹟、故里民俗軼聞、戰地憶舊等等，確為認真又勤奮的有心人！

《落番與軍眷》是黃將軍家族書寫的第一本書，現今的《故里鄉情》算是其金門故事集的續集了。《故里鄉情》裡所寫，是他對祖先暨已逝家人的孺慕與思念，還有家族老建築的故事與鄉里奇聞趣談、鄉景回憶。令人感動的是，黃將軍研讀族譜和家族、宗族文獻後，持續不輟用心書寫家鄉和親族故事，還願意將其見聞與家族發生的故事，與親友及讀者分享，殊屬難得。這不僅是黃氏一族的家族史，也是金門地方發展史的史書別冊，一定要珍惜、留存，而且用力推廣！「晉乘楚杌」猶存其名，金門的《故里鄉情》豈可輕忽？

我以鄉親黃將軍為榮為傲，他細說家鄉故事的《故里鄉情》，是一冊金門人的生命故事，平淡中有真情，雲淡風輕的悠乎歲月裡有壯闊奇景，值得一讀再讀，故特為推薦。

銘傳大學講座教授兼校務顧問

陳德昭

【自序】細說家鄉故事

我生長在金門太武山下的汶浦水岸。小學畢業前，從未去過島鄉首善之區的金城；國中畢業前，也沒有離開過閩南九龍江口那座烽火連天、被軍管禁錮的小島。印象裡兒時的家園，除了沙美街市的喧囂，不外雙落老宅前南瓜蔓生的菜園，汶水溪畔綿延到金沙溪口的澇埕、開闊的斗門溪園一方方錯落有致的番薯壟或高粱田，以及入夜漆黑一片的宵禁和不知何時會欺身而來的砲擊。歲月很遙遠，但記憶很深刻。

國中畢業後，負笈臺灣。高中畢業即投考軍校，展開長達四十餘年的軍旅生涯，此期間隨著職務調動，四處飄流，卻從來沒有機會輪調返金。迄民國八十六年，承蒙時任金防部司令官的老長官陳鎮湘上將提攜，徵調出任防衛部第三處處長，才得一償返鄉服務的宿願。但包含烈嶼守備區任職的時間加總，我在金門的時間還不足三年，旋即派任陸軍士官學校校長。因此，我對於家鄉的認識和印象，大致停留在青少年時期；對於家族的過往，也僅來自長輩記憶的口耳相傳，當下聽過也記下了，但歲月流轉，大部分故事片段都在時光的淘洗中，慢慢地淡忘，難免有一絲絲遺憾。

調任士校校長時，胞兄奕展寄來一本家族族譜稿，並陸續寄予一些家族歷史文獻或書籍，惜因個人軍務倥傯，根本無暇展讀。一直到民國一○二年夏季，我從軍中退伍，且奉家父章掘公之命，籌建家族故事館──【思源第】，必須蒐整相關文史資料，繪製《家族世系表》、《黃氏遷徙圖》、《落番路線圖》等圖表，才將書櫃塵封已久的族譜取出，對照珍藏近兩百年來的「僑批」（族人落番南洋往返家書）──《長春書柬集》、歷代鬮書（分家析產協議書契）和相關重要文獻等，逐頁詳加研讀。研讀過程中，一則深受先祖族人前仆後繼、血淚斑斑的奮鬥史跡所震撼與感動，再則也慚愧自己對家族歷史的冷漠與無知，遂下定決心，期望運用有生之年，秉持積少成多、積沙成塔的原則，以口語說故事的形式，逐筆紀錄個人所知、所見的家鄉、家族故事。

我寫作的規劃順序，人物是從自己最親近、最熟悉的父母、祖父母，曾祖父和兄姊開始，上追信而有徵、具代表性的歷代遠祖（如紫雲開基祖守恭公、紫雲同安始祖肇綸公、汶水華房開基祖廷講公、汝州司馬雄公等），嗣再逐步向外輻射到一些我所懷念的已逝親人（如：三姑丈、翠金大表姊、姪女懿萱等），目的是留下他們所曾走過的足跡，其中有我濃郁的孺慕與眷戀，景崇之情與縈懷之思。

在事物方面，則是敘述家族各棟建築物起造的歷程（如：慶餘居、黃卓彬洋樓、思源第），交代人物與建築的關係，揭示建屋時安居、顯親和思源感恩的不同意涵；其次，敘述個人印象裡的鄉情鄉景，如：汶源宮風獅爺、雀榕、木麻黃、老街蓮霧樹等，一些看似平凡存在身邊的事物，卻蘊藏著巨大的變遷和哲理，不到某種年紀、不曾經過某些人世的滄桑，是很難理解的。此外，我回憶了幾件較特殊的過往經驗，如：共軍砲擊、搭登陸艦橫渡臺灣海峽等，在大時代裡，那僅是庶民的經歷與感受，就算是留給後人參考的紀錄吧。個人並且在書後，附上自己研讀族譜和家族、宗族文獻時所歸納的筆記，如：汶浦黃氏的落番故事、汶浦黃氏源流，但願家族與宗族的親人，在瞭解祖先出生入死、披荊斬棘、華路藍縷的奮鬥故事後，跟我有著一樣的感動、感佩與感恩。

退伍這幾年來，我持續完成家鄉和親族故事書寫，概有四十餘則，其中少部分已配合【思源第】落成典禮（民國一〇四年秋季），先與內人素真的文章合併，以《落番與軍眷——陸軍副司令黃奕炳的金門故事》出版。於今再擇二十一篇，以《故里鄉情》為名結集出書，感謝秀威資訊科技公司的謬愛和協助，才能使這本金門島鄉一個尋常家族所發生的故事，有機會與眾親友及讀者們分享，個人深感榮幸與珍惜。

個人經常在想：在汩汩流淌的生命長河裡，個人只是小小的水滴，無足輕重；但在家族傳承的鏈接裡，卻是不能割捨的一環，在無限小和無限大之間，如何才能彰顯生命的意義，的確是一個重大的課題。我的祖訓是「敬天法祖」，敬畏上天，才能提醒自己舉頭三尺有神明，不可行惡；效法先人，則在鼓勵自己和後人見賢思齊，激發血脈裡冒險犯難、經略四方的宏觀遠識和志向，無忝所生。

我只是一個退伍軍人，不是作家，也沒有生花妙筆，更沒有所謂「立言」的宏願。個人把自己定位為「說故事的人」，現在細說祖先、家鄉的故事，將來回憶軍旅生涯的點滴，慢慢寫，細細說，行文不想陡奇瑰麗，但求通順存真，於願足矣！深信小水滴經年累月積蓄，也會匯集成溪流，不容小覷。

我經常鼓勵親朋好友、同袍及同事寫故事，閒暇時信手將身邊的人事物記下來，紀錄至親、先人事蹟，也為自己的人生白紙黑字留下印記，以不枉此生。在細說家鄉故事《故里鄉情》一書出版之際，個人還是要再次呼籲：「大家都來寫故事！」這是一件有意義又有趣的工作，人生豐富精彩、歷經大江大海者，固有可觀之處，但看似庸碌平凡、平淡無奇者，亦有溫馨感人情節。試想：駑鈍如我，尚可結集出書，應該可以帶給大家更大的勇氣與更多的動力吧。祝福大家！

目次

輯一　故里伊人

輯二　鄉心鄉情

輯一　故里伊人

祖祖輩輩，代代相承；
故里伊人，永矢弗諼。

家族塵封的故事：三叔公祖

說起落番的俗諺：「六亡三在一回頭」，十個出洋去的、六個客死異鄉、三個倖存、只有一個可能有幸返回家鄉，話語中蘊藏著無限的悲愴與辛酸，但相較之下，我家三叔公祖，命運多舛，那生命中無可承受的悲與慟，可真是無語問蒼天！豈一個憾字了得！

三叔公祖名諱熙有（一八六〇－一八八二），依族譜昭穆：良、熙、卓、章、奕、獻的輩分排序，三叔公祖是我奕字輩的三世曾祖父輩，他棄世距今已一百三十餘年，往者已矣，先人早遜，卻又幾度縈繞我懷，似近在身旁。

童年印象：好學的三叔公祖的書桌

童年時，娘親經常指著大廳角落一張黝黑的木頭桌子告訴我們：「那是三叔公祖讀書的地方，他是我們黃家近幾代最會唸書的人，你們要好好學習他的好學精神。」因此，每每經過並摩挲那發亮的桌緣時，我總會不自禁揣想那位祖先的形象，是像楊老師那樣溫文儒雅，穿著一襲唐裝，瀟灑吟哦著詩詞歌賦嗎？還是如黃老師一般，目不斜視，挺腰正襟危坐唸著《朱子治家格言》？似近還遠，一切好像都不太真實。長大後，負笈臺灣，投身軍旅，四處飄泊，家鄉的事更遙遠了，也無暇關心這些緲不可及的先人往事。

族譜簡載：弱冠出洋依親落海早亡

五年前退伍後，奉父命返鄉規劃籌建「思源第」家族故事館，為釐清並繪製黃氏源流圖、落番路線圖及家族世系表，我重新找出大哥奕展多年前寄來的族譜稿，仔細研讀並統計家族落番人數，三叔公祖的名諱再次出現我眼前，族譜對他生平的記載非常簡略：

「（熙有公）幼時在家鄉研讀書文，至弱冠時，擬搭船前往尋良研公，承其事業，於途中不幸落海而亡。」

在落番「六亡三在一回頭」的諸多事例中，這種記載雖特殊，但並不少見。嗣後，為整理歷代分家析產的鬮書，又從家族落番僑批（家書）《長春書柬集》中，翻出一紙有關三叔公祖個人的文獻資料，經由大哥說明，再與族譜串接，我對於三叔公祖終於有了一個輪廓較完整的認識。

出生母歿：出生未滿三月母亡出養東店黃鏗家

三叔公祖名諱熙有，是先高祖父良

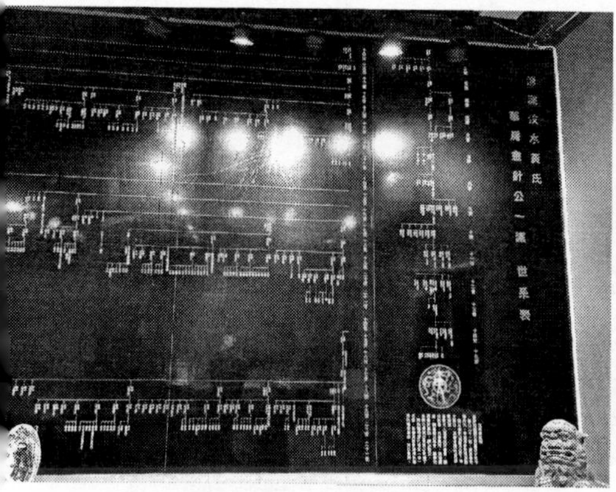

高懸思源第牆上的家族世系表

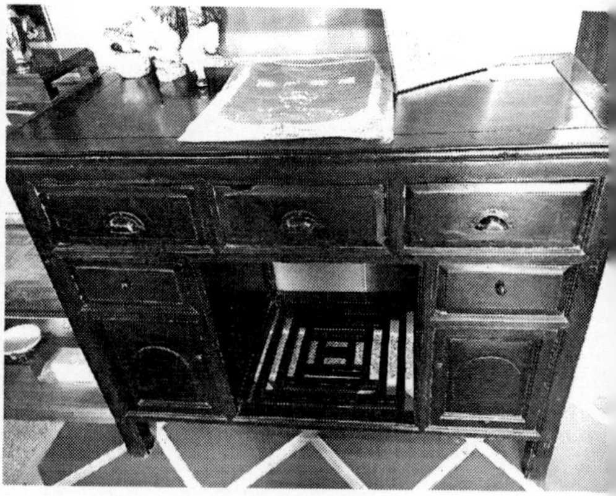

清代三叔公祖熙有公讀書的書桌

踏公暨金門原配林枯女士的第三個兒子，與其長兄長勝公（我的曾祖父）相差十七歲，和次兄熙判公也相差九歲，先高祖母林枯女士生三叔公祖的時候已經三十九歲，按照現在的說法應該算是高齡產婦了。清咸豐十年（西元一八六〇年，歲次庚申）八月二十六日未時，熙有公於汶浦「中間祖厝」呱呱墮地。出生時，其父良踏公遠在印尼的史叻班讓（Selat Panjang）經商，以當年的交通與通信條件計，恐怕要數月以後，才能獲悉這個么兒降生的喜訊。

悲欣交集，新生命誕生的喜悅，並未在汶浦水岸這個婦孺留守家園的家族持續太久。尤令人悲慟者，嬰兒出生未滿三月，親娘即撒手人寰！先高祖母產後身體孱弱，且因人手不足，必須兼顧家事與農務，操勞過度而病倒，在同年十一月十三日逝世。是時，熙有公僅出生兩個月另十七天而已。襁褓喪母，父親及叔父落番異邦，兩位兄長均未成年，金門家中沒有任何至親可以倚靠、作主。面對此一艱困的狀況，已無暇哀慟和悲傷，撫生慰死才是當急之務，如何安頓哺育稚齡的嬰兒，更是燃眉之急。經過族內長輩緊急會商，親堂公議：

惜此幼子，乏人哺乳，雖有憐惜不捨，但仍決定出繼東店尚無親生男丁的族親黃鏗伉儷為螟蛉養子，取名黃有。

事過將近一百五十年，但回頭想像那幕一室稚孺、母歿停柩在堂、父在千里重洋，幼兒飢索哺乳、啼哭終夜的慘狀，仍不禁鼻酸淚溢。

十歲返家：由兄長贖回黃家自養

熙有公在東店黃家之成長過程，無任何記載可尋。但據汶浦耆老記憶所傳，熙有公父親與養父鏗公交情莫逆，對於熙有公應是疼愛有加。此期間，長勝公疼惜么弟，經常長途跋涉前往東店探望，對於弟弟在黃家的狀況，應該是非常瞭解的。因此，在熙有公虛歲十歲、其養父母喜獲麟兒時，長勝公徵得良踏公及族中長輩同意，情商碧山親友積極協調東店黃家贖回胞弟。此一時段，亦正是長勝公秉承良研暨良問二公之命，緊鑼密鼓興建老雙落「慶餘居」之時（慶餘居一八六六年起造）。鏗公在長勝公勤於奔走、誠意感動之下，並考量兩家族親世交之誼，召開家族會議，與父母及至親兄弟商量，最後勉強同意良踏公「喚回自養」。唯恐鏗公事後反悔，長勝公特地聘請代書，並邀請碧山有名望的陳歐、陳濟、陳批等仕紳為見證人，於同治八年（一八六九年）十月簽訂贖約，賠償鏗公養育資費十萬文，釐清各項責任，熙有公終能回歸原生家庭。看著泛黃的舊紙頭，「贖約」塵封將近一百五十年，契約裡有斑斑血淚，這是一個我們家族遙遠而令人感傷的故事。

過繼叔父：嬸母教養成長謙和好學

熙有公返回黃家後，過繼給其在新加坡經商的三叔良研公，而由留守家鄉的良研公夫人鄭吰（謚「勤儉」）女士負責教養，鄭太夫人勤勞儉樸，篤實隨和，懿德儀行頗受鄰里宗族的尊重與推崇，唯與良研公結縭多年，因兩地遙隔，膝下猶虛。良研公夫人對熙有公視如己出，勤管善教，以誠懇待人、務實處事相督。

根據宗族耆老傳述，熙有公回歸黃家以迄落番，應該是他一生最快樂幸福的時光，徜徉在太武山下、金沙溪畔的家園，日出而作，日入而息，祧母的關懷照拂、慈藹勤教，彌補了襁褓即已喪失母愛的遺憾，長兄的疼惜照顧、循循善誘，也填補了遙不可及的父愛。青年時光，他承襲家族的耕讀傳統，除了勤於幫忙農事，放牧牛羊，更樂於研讀書文，且為將來順利承繼良研公在南洋的事業，兼習財務等功課，他的勤勉好學、穩健踏實，給鄉里的青少年樹立了典範，也留下歷代流傳不息的完美身影。我童年摩挲的那張書桌，正是一百三十餘年前三叔公祖勤讀的桌案啊。

弱冠早逝：落番尋親不幸落海早逝

清光緒八年（一八八二年，歲次壬午）年底，二十二歲方成年，意氣風發的熙有公沿著父祖落番的路線一路南下，準備前去承繼良研公在南洋的事業，那是他第一次離開家鄉，沿途親身經歷了祖先艱辛的奮鬥旅程。我們無法瞭解年輕的熙有公當年佇立船頭眺望汪洋的心情，但深信一定是滿懷雄心壯志、滿心期待的，因為他比前人做了更多、更充分的準備。

不料，事情的發展令人震驚而遺憾，同年十二月二十八日（申時）熙有公在旅途中意外落海而亡！他到不了南洋，也回不了摯愛的故鄉，那時節，南洋酷熱

如盛夏，而在唐山的家鄉，卻正是祭祖團圓的小年夜啊！閱覽族譜上寥寥數語

（熙有公）幼時在家鄉研讀書文，至弱冠時，擬搭船前往尋良研公，承其事業，於途中不幸落海而亡。

實難表達滿腔悲慟的萬一，造化弄人，天地無情，嗚呼哀哉。

「旅途中意外落海而亡」的不幸，鄉關迢遠，已無法查證細節；另有一說是：熙有公已抵達南洋，在搭乘小島交通接駁船時，為內河巨鱷尾部掃入水中而遭吞噬喪生。一個家族中最被看好的後起之秀，像一顆閃亮的彗星，遽爾殞落，倏地消失，消息歷經數月始傳回家鄉，栽培、疼愛他的良研祖婆，和從小護持、照顧他的長兄長勝公，想必是肝腸寸斷、痛徹心肺！

馨香永傳：三叔公祖的故事永流傳

我從族譜與贖約裡拼湊出三叔公祖的出生、母歿、出養東店鏗公家、贖回

自養、過繼成長、弱冠落番、落海喪生，短暫的一生，命運乖舛。三叔公祖的故事，誠然令人不捨，但面對那樣艱困窮苦的時代，人們在生存與生活的各種壓力下，所能做的處置，其實並沒有太多選擇，類似的悲劇，與落番的時空互為表裡，在島鄉應該並非特例。

意外發生後，長勝公承父、叔之命，以三子卓奢公（先祖父）出嗣熙有公，繼承三房（良研公→熙有公）一脈，使其香煙得以永續流傳，而熙有公的影像也終將永遠銘刻在汶水華房「慶餘居」黃氏子孫的腦海之中。

百餘年後，我們將熙有公的書桌陳展在家族故事館－思源第，並且把故事寫出來，只有一個單純的動機：希望在生命的長河裡，抓住一些奔流

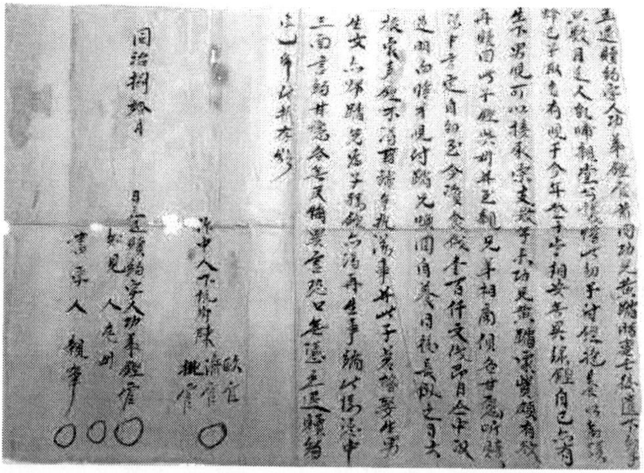

贖約——三叔公祖十歲被以一百千文錢從黃鏗家贖回原生家中自養。

在自己血液中的因緣，從吉光片羽裡拼湊出先人模糊的影像，謙卑傾耳聆聽那流轉時空中漸去漸遠的足音。如果幸運，也讓這些可能永遠消失無蹤的軼事，流傳後代，畢竟那是家族整體記憶的一個環節，串聯過去和未來，能瞭解過去，才能掌握未來，期望後代的子子孫孫，瞭解生命的艱難險阻，莫忘先人德澤。

寂寥山路：先祖父卓奢公

先祖父卓奢公（西元一八七九－一九四四年）在我出生前九年（民國三十三年）就過世了，很遺憾余生也晚，無緣親見祖父；更遺憾的是，當年家園正遭日寇欺凌、島鄉黎庶生活多艱困，吾家也貧寒窘迫，勉能度日，祖父去世時竟未曾留下任何照片與畫像，可供後人緬懷與追念！嗚呼，痛哉！天地遼闊，先人邈遠，我們何處尋覓祖父身影？

祖父逝世已逾七十餘年，歲月悠悠，但我們經常懷想祖父母，不曾或忘。前些年計畫返鄉構築「思源第」家族故事館時，就思及會館陳展的核心就是家族故事，應該要擺上祖父母塑像，但祖父早逝，塑像哪兒取樣參照？大哥奕展費心查訪考證：已逝的五姑以前曾說，她在新加坡看過一部臺灣連續劇「一翦梅」，劇中有個演員與祖父神似。但我們找遍舊檔案，卻遍尋不著契合的人像。又有人

▎先祖父卓奢公暨先祖母李看娘女士塑像

說：祖父長得像嫁到峰上的姑婆，與姑婆的長子（我們的表伯）也很像；眾說紛紜，莫衷一是。最後，我們綜合家中諸位長輩記憶中的印象，以三叔的樣貌為藍本，配上家父耳形，再加上祖父常戴的南洋小禮帽與手上的菸桿，慎重畫出塑像的草圖，經過二叔、四叔和三姑認證定案，才送到廈門委請專家雕塑製作完成。現在安置在「思源第」展廳。祖父母銅像重現七十年前阿公一手輕攬阿嬤，一手拿著菸桿，阿嬤則做著針黹，伉儷情深的影像，這是兒孫們的一片孝思，相似度應該頗高吧！

如今祖父塑像經過多方努力，非常不容易，終於完成了，孫兒我想要再挑戰寫祖父的故事，因為先人事跡若不能儘快形諸文字，留下紀錄，歷經歲月淘洗，再過幾年必定逐漸湮沒而被遺忘。是以個人雖然天資不敏，亦願勉力為之，如有偏失，相信祖父在天之靈也能夠諒解。

先祖父卓奢公，清光緒五年（西元一八七九年）於金門島金東金沙溪畔的汶浦聚落（今稱「后浦頭」）出生，係長勝公暨妣陳汝女士之第三子。祖父上有長兄卓略公、二哥卓池公，下有弟弟卓黨公、玉坤公、泰山公等人，另有娥、閨兩個妹妹。祖父年幼時，奉先高祖父良踏公之命，過繼英年早逝的曾叔祖熙有公為嗣子，肩祧高叔祖良研公——熙有公三房一脈香火。根據長輩敘述，年少時祖父是外向、活潑、辯才無礙的，而且喜好打抱不平，頗有俠義之氣。這使我想起英年早逝的二哥（太平），其氣質與祖父何其神似啊！青年時期，祖父也曾隨曾祖父及其二哥卓池公落番，但不是跟著父兄一起到印尼的史叻班讓（Selat

Panjang）經商，而是憑恃膽識和活力，單獨到新加坡和印尼他處謀生，他做過船員與工廠搬運工人，唯嗣後因身體健康問題而不得不返回家鄉，跟著曾祖母和其長兄，過著日出而作、日入而息的農耕生活。我想：落番中輟返金，死守家園，做一個平凡的農夫，對外向而喜好冒險的祖父而言，應該是有一些不甘和遺憾吧！

祖父二十五歲時，在曾祖母主持下，與當時十八歲的祖母成親，此後，祖父終其一生即未再離開金門島鄉。成家後的祖父母，與曾祖母暨其長兄（大伯公）一家同住「中間」祖厝；生性外向、開放的祖父，與內向保守的大伯公個性相左，相處並不融洽，尤其是曾祖父母過世後，祖父母陸續生養幾個大小孩子，大伯公與祖父兄弟妯娌之間的關係更形緊張。衝突的高峰，是所謂的「甘蔗事件」，起因是大伯、二伯在附近菜園種了一片甘蔗，其堂兄弟（大伯公的小孩）嘻鬧將甘蔗摧折，祖父母認為熟成的甘蔗摘去吃無妨，嫩枝未熟不該亂折；但大伯公認為祖父母是「吃公藏私」，種甘蔗是攢私房錢，故而並未強力制止孩子的不當行為。硬頸的祖父難以忍受此種汙衊與屈辱，毅然決然搬出祖厝，兄弟分家，帶著年幼的子女住到潮濕漏水的磨坊（碖間）二樓，靠著耕種異爨時承繼自三房僅有的兩畝薄田過活。我們小時候常聽祖母娓娓道來，講起這段艱辛的日子，「六個人五隻破碗」，連吃飯都不敷使用！那時候祖父母帶著大伯、二伯、三姑和我娘（童養媳）共同生活，大姑二姑與四姑都送人當童養媳去了，一家子婦孺稚子，其艱困可想而知。

生活對祖父的挑戰接遝而來。與長兄不睦，被迫獨立生活，貧窮拮据的飢寒之苦，猶可忍受，最大的打擊，則是時年十八、十六的大伯、二伯，分別於民國十三、十四年接連因病猝逝。是時，三姑六歲，娘親四歲，五姑正匍匐學步。父親在大伯過世三個月後出生，剛滿周歲又三十六天，二伯亦撒手人寰。很難想像，家庭可以依為股肱、分勞分憂的支柱，接連轟然傾圮，舉頭但見一室婦孺幼兒，家計唯賴祖父母一肩挑起，咬牙撐持，淚恐早已流乾了。但祖父面對這景況，並未怨天尤人，只是感慨的說：「大仔（兒）唔免死，小仔（兒）唔免生。」（意即大孩子若沒死，小兒子就不用出生了。）坦然接受命運的安排。父親誕生其後七年內，二叔及雙胞胎的三叔、四叔陸續出生，家庭新成員的加入，給甫遭厄運的黃家帶來新希望，也轉移了祖父母心底的深沉悲痛，但新生兒所帶來的食指浩繁、家用捉襟見肘，益增家境的困窘。然而，即使在如此艱難的狀況下，祖父依然毫無怨言，抱持感恩惜福的態度，認為唯有崇義慕德，才能引導家庭走出困境，這也是他替三叔取名章德、四叔取名章義，要講求「道德」「仁義」的緣由。

祖父一生豁達正直，熱心公益，常為鄉親族人排解紛爭。據長輩轉述：祖父為鄉里調解事情，通常頭戴小禮帽，右手持菸桿，靜坐几前，耐心傾聽雙方的說明，細心追究隱情細節，並徵詢相關人員意見，然後低吟思考，綜合歸納，當其左手前伸作出向下切斷姿勢，即是有了裁決定論；由於祖父所作結論客觀，就事論事、公正周延，絕不偏袒任何一方，最後都可以讓糾紛平和落幕，爭議各方與相關人士，無不信服，因此鄉人遂有「奢伯做公親尚公正果斷！」之說。

祖父一生敬天法祖，篤信神佛，他是我們村莊所供奉神明林府王爺的乩童，從年輕以迄晚年。他也是虔誠的佛教徒，崇敬佛陀和觀世音菩薩，每日晨起盥洗完畢，必給神明及祖先禮薦上香，早晚步行到慈德宮和汶鳳殿燒香點火（燈）。每逢初一、十五，農閒時節外加初三、六、九，必登太武山到海印寺禮敬菩薩，數十年如一日。

根據文獻記載，日軍侵佔金門期間，海印寺僧尼避走大陸內地，一般善男信女也都儘量避免上山，以免惹禍上身，只有祖父無懼於可能招來不虞之災，每月一如往昔前往海印寺禮佛誦經。二叔回憶道：他年少時經常陪同祖父上山，印象深刻。祖父每月上山都是一整天，從未懈怠。上山當日，天色尚未明亮，祖父用過簡單早餐後，即揹負行囊，內裝香燭、法器、經籍等拜佛用品（如二叔陪同，則由二叔扛法器等重物），由後水頭－蔡厝，沿傳統「百二階」登山步道，爬上太武山到海印寺，隨即打掃廟宇、燒香唸經，一直到下午約莫四點鐘，始由原路下山，回到家天都快黑了。

這段祖父不畏異族迫害虔誠禮佛的歷史，原本隱沒不彰，後因海印寺編撰歷史沿革文獻，發現日本侵佔金門時期，該寺管理運作紀錄完全空白，嗣經汶浦耆老出示當年日記所載，始挖掘出此一塵封已久的老故事，也得到高齡九十的二叔證實。時隔近八十年，我在「思源第」，眺望晴空下的太武山，想像祖父、二叔父子倆當年揹負法器、秉持虔敬宗教信仰，毫無畏懼，一步一步揮汗如雨爬上太武山的孤獨身影，心中充滿敬意。

我想：生年不滿百，一個人是否受到尊敬、長留人心，絕不在於他當多大的官、多麼有錢，而在於他能否忠實地堅持自己的原則和理念，毅然前行。祖父是浯島一個非常平凡的農夫，曾經冒險犯難落番南洋，中挫而歸，也歷經手足不睦紛爭、還有骨肉猝逝的重大打擊，畢生更長期受困於貧窮匱乏，不可謂不苦，但祖父卻能憑藉「威武不能屈，貧賤不能移」的不平凡品格，不怨天尤人，不詛咒命運，終其一生，始終慕德講義、敬天法祖，堅持自己的信仰和做人做事的道理，不卑不亢，俯仰無愧，在平凡中更見其不平凡的一面，多麼讓人懷念與景仰啊！

「土驢三嘶」傳奇

在生命的長河，如果不知道何處來，也將不知何處去。奔騰在你我體內的血流，有著不可否認的起源，祖先的傳說、原鄉先人的陵墓，都在述說這些遙遠的歷程。

回顧祖先走過的步履，重溫歷代先人們奮鬥的事蹟。我，希望從中尋求鼓舞的力量，重新找到正確的方向和出路。「土驢三嘶」傳奇，傳唱著黃氏紫雲同安房華路藍縷、胼手胝足，以啟山林和屢仆屢起的故事。

我們的祖先在周朝時被封於黃，以國為姓，故都在潢川。後有諸多徙居光州固始，南遷江夏者，故世有「江夏傳芳」的說法。遠祖元方公，在晉代為官而到了福建，嗣因政治動亂等因素，辭官隱居侯官（現福建省福州市區和閩侯縣的一部分），永嘉年間再遷黃巷（現福州市鼓樓區，為該市三坊七巷古建築群之一，於二〇〇六年列入大陸全國重點文物保護單位），以道學倡世。元方公數傳之裔孫崖公，在隋朝末年遷居南安豐州，生守恭、守美二子。守恭公從小研讀詩文、精通經史子集，為當時的學術界所推崇，稱譽為「郡儒」。守恭公同時也是泉州營商有成的企業家，他曾經營貿易，後再從事養蠶造絲之織造業，擁有廣闊的桑田等田產，富甲一方。但守恭公富而好禮，為人謙遜講道義，樂善好施，鄉親們都尊稱他為「長者」而不名。

唐朝睿宗垂拱二年（西元六八六年），守恭公因感桑蓮著異而捐田產宅第建開元寺，被奉為檀樾。他生有五個兒子，在捨捐所有田產後，依照聖僧匡護禪師的建議，教導各子應該志在四方，離家自創宏業。臨別之際，守恭公占詩一首鼓勵諸子，並作為嗣後族親相認的憑證，這就是有名的〈示兒詩〉，或稱〈認祖詩〉、〈驢鈸詩〉。詩文的內容是：

駿馬登程往異方，任從隨處立綱常，汝居外境猶吾境，身在他鄉即故鄉，
朝夕勿忘親命語，晨昏須薦祖宗香，蒼天有眼長垂佑，俾我兒孫總熾昌。

傳誦至今。

根據傳說：守恭公五子離家時，匡護禪師當場取出銅鈸一面，擊破為四塊，施佛法將八句詩句銘刻於鈸片上，含銅鈸蒂共五份，分別贈予經、紀、綱、綸、緯等五子（時緯公年幼，由生母司馬氏收藏銅鈸蒂），並捧起泥土仙化為駿馬（俗稱土驢，故〈示兒詩〉有〈驢鈸詩〉之稱），分賜諸子。且遵循「駿馬登程往異方，任從隨處立綱常」之意，囑咐諸子不可刻意選擇去向，必須任由駿馬（土驢）自行向前跑，一直等到土驢嘶叫三聲，才是各人落地生根、開基發祥之地。

守恭公四子肇綸公，字彬夫，生於唐高宗總章二年（西元六六九年），告別泉州家鄉年僅十七歲，啟程後，隨馬南行，為時超過一天進入同安縣境內。當走到馬巷官山（現陳氏祠堂所在地）這個地方時，土驢突然嘶叫一聲，綸公騎在馬上，環顧四週，覺得此地平坦開闊，是一處家族衍生之地。但轉念一想，禪師囑咐乃是馬嘶三聲，此處應當不是我所應留居發展之地，於是繼續策馬向前。又向南走了數十里路程，抵達新墟烏山地區（現蔡氏族人聚落），土驢連叫兩聲，綸公勒馬仔細勘察，看到該地鄰近群山，前有曠野可以墾殖，是一個安居生息的好地方，心中本已打定主意，在此落戶繁衍，但耳際隨即傳來禪師的聖囑：「馬嘶三聲方為開基之地！」故而土驢不催自行，綸公無奈，只能身不由己的繼續向前走了五里，到達同安金柄（現廈門市翔安區金柄村），土驢猛嘶三響，綸公是熟諳天文地理之人，隨即下馬，將土驢就近拴在樹頭上，爬上山頂瞭望，但見此地背後群峰疊翠，向陽的荒野值得墾殖，是一個大難不休、大旱半收的開基福地。但是再進一步細加觀察，發現左側（東面）山崖瀑布如白刃，三叉谷口疾風似利箭，再移步鄰近山頭定眼凝視，勘定主山龍脈形如一隻巨鵰，是一穴足以繁衍百萬以上人丁的開族寶地。但再一沉思，巨鵰遇上東方一口劍和利箭，難免遍體鱗傷，後嗣必遭三次以上官府剿滅迫害的浩劫。自忖不如回頭選擇先前馬嘶之處安居，較為穩當。下定決心，隨即快步下山，不料才剛回到拴住土驢的地方，土驢再嘶三聲，當場撒了一泡尿，瞬間化為一堆黃土（〈驢鈸詩〉的「驢」字由此悟出本義），面對現場的突變，綸公歎嗟之餘，也只能聽天由命、順其自然。這個土驢三嘶位置，就是我們黃氏紫雲衍派同安房的開基發祥地—福建同安金柄。

綸公在金柄開基立業之後，除了開墾田地種植五穀外，也著力於龍脈風水的維護。他認為主山穴位是巨鵰，屬禽類，而禽類須有豐滿的羽毛，方能強健繁衍，草木則是山體之羽毛，周邊須有高大樹木以阻風及供大鵰棲息。為此，綸公即大量種植以香樟為主的各種高大喬木，且諭示世代子孫要造林、護林，維護丁山林木茂盛，迄今，仍可見其遺訓於《祖林垂示碑》和《丁山護林碑》。到二十世紀五十年代末，丁山和祖墓周邊一里方圓，還遍布需兩人合抱的各種高大樹木，如今碩果僅存的金柄大宗祠堂後之千年唐朝樟樹，就是綸公植樹的寶貴實證，也顯示綸公是環境保護與水土保持的先驅。

此外，綸公也規劃興建祖祠，並在興建期間設想如何依照地理形勢和本身實際需要，巧妙構思設計，以彌補風水的缺憾且美化祖祠景觀。他把西側坑溝的水流引導由東側坑溝流出，以符合中國地形西水東流傳統；又在西水東流內側，祖祠前方左右共開鑿四口目前仍保留完好的水井為龍眼，隱含自己紫雲四房的排行。還在前方玉帶形的溪流兩側建造七座土墩、八口池塘，昭示本身所生育之文燕、文鶯、文雁、文樓、文龍、文閣、文鳳等七個兒子與八個女兒。由此可見，綸公為世代子孫之繁榮昌盛，可謂用心良苦，匠心獨運。

惜乎綸公之苦心，並未完全消除金柄風水缺陷之厄。根據《紫雲金山族譜》記載，金柄黃氏第一次遭到官剿，肇因於唐貞元三年（歲次丁卯，西元七八七年），綸公五世裔孫穆宗公（字光齡）考上進士，清廉幹練，不與貪官汙吏同流合汙，且同一時期四安黃氏就有二十四位進士，分別擔任朝廷暨各州、府、縣官方的重要職務。而當時的皇帝唐德宗在「涇原兵變」後，寵信宦官，貪婪無度、自私多疑，尤其對於能臣猛將深懷戒心。奸臣李宗閔即運用德宗心理弱點，進讒言謂黃氏官多權大，具重大影響力，嚴重威脅朝廷之安全，奏旨剿滅黃氏。嗣後較大戰亂，則係元兵南下滅宋，在閩南地區燒殺擄掠，族譜記載「適遭金兵（應為元兵之誤）疊至，蜂集毀室，不勝流涕。」也造成族親四散。

第二次官剿係明初有同安房先人名儒黃鉞任建文帝（朱元璋孫明惠帝朱允炆）重要大臣，「靖難之役」時，效忠惠帝，明成祖朱棣篡位後，即大肆誅殺惠帝舊臣而滅其族。永樂二年（歲次甲申，西元一四〇四年）接連進剿黃氏宗族。此二次官方之迫害，均造成黃氏同安房大量族親被殺或離散，我們汶水黃氏，即係永樂二年由綸公二十九世裔孫金沙公盤眷避居金門。

明仁宗洪熙帝繼位後，陸續赦免建文舊臣。綸公二十八世孫踖復公（字兵何）十六歲面君，欽賜進士，剿倭建功，封鎮海大將軍，賜復姓，為吾黃家昭雪奇冤。同安黃氏始得復甦。

萬曆二十年（歲次辛卯，西元一五九一年），綸公第三十四世孫陝西參政文炳公（字懋新）之弟理學名儒文炤公（字懋顯，號毓源，世稱「黃布衣先生」），為防範宗族再遭第三次官劓之災，即倡導修築石幫風水石垣十丈又八尺，和砌造瀑布槽道工程一百二十九丈，從此得以平安無虞。

綸公偕祖妣智氏生七子八女，歷百千年之繁衍生息，人丁興旺，代代英豪輩出，鍾靈毓秀。而兩次之官劓及相關戰亂，雖造成同安黃氏族親之流離失所，遠走他鄉，但也形成在異地開枝散葉。如今，黃氏紫雲同安房裔孫遍及世界各地，人丁已經超過百萬人矣。在生命的長河裡，「失之東隅，收之桑榆」，禍福相倚，苦難深重的危機裡藏有轉機，被壓迫的不幸遭遇，激發生命求生存的韌力，歷史如此弔詭，實始料所未及啊！

如果您也是黃氏紫雲衍派同安房的後裔，就請一起來回顧一下祖先傳奇的故事吧，唐睿宗垂拱二年（西元六八六年）「土驢三嘶」綸公奠基金柄，就在今之廈門翔安，距離我們一點也不遙遠！驢嘶猶在耳畔。

附註：本文係參考《江夏紫雲同安房二十三年大事紀》金柄大宗奕管宗長所撰〈綸公生平事略〉乙文改寫而成。

鹽戶之子：華房始祖廷講公

「福建東南逼海土人，畫地為埕，漉海水注之，日曝成鹽，與江淮浙煮鹽異。」

清代重纂《福建通志》

「夫浯、烈皆海中地，飛沙走石，耕種不足糊口；惟於海濱積沙潮到之處，砌石為坵，以曬鹽營生，故鹽值最賤。遇久雨，或終月不能曬鹽。……」

明朝萬曆年間編纂的《金門縣志》

「本業者，民生之本也。民無業，則無以為生矣。浯地隘而瘠薄，加以風沙飄壓之患，民之有常業者無幾。故或有煎曬而業於鹽者，或有漁網而業於海者，或有雜作而業於庸者，保生蓋甚難也。」

明代金門大儒洪受於隆慶年間所撰《滄海紀遺》

我們的家族世稱「浯洲汶水黃氏華房」。這是從明成祖永樂二年（西元一四〇二年），我族先祖金沙公攜子廷講公兄弟等四人，為躲避永樂帝政治迫害、官軍剿殺，由原鄉同安金柄盤眷避難金門金沙溪畔，以曬鹽維持生計。正如上述文獻所言，如非不得已的原因，誰要遠離家鄉，來此往昔為窮山惡水之鄉？且從事的又是極為艱辛的煎鹽、曬鹽工作？暴政猛於虎，所言不虛。

廷講公之父金沙公為鹽戶，廷講公與其弟廷誼公繼承衣缽，仍事曬鹽行業，故為鹽戶之子。「浯洲汶水黃氏華房」之「浯洲」，為金門島鄉古稱。「汶水」，又稱「文水」，係源自太武山的溪流，在古名「汶水頭」的後水頭與古名「汶浦頭」的後浦頭附近，與光前溪、斗門溪匯流而為金沙溪。「華房」則係以我族開基先祖廷講公（名佛信，號廷講）之軍鹽籍編名為「華」，故族裔稱為「華房」。而廷講公二弟廷誼公（名佛宗，號廷誼），又稱六十四郎公，其軍鹽籍編名「相」，族裔稱為「相房」，「華房」與「相房」各居後浦頭、後水頭聚落，雖隔水而居，實乃手足血親。

鹽戶、鹽工、鹽場制度在金門

「福建鹽法」始建於唐代，而金門之建場征鹽，始於元代大德元年（西元一二九七年），稱為浯洲場。場轄十埕，埕分上下：上埕為永安、官鎮、田墩、沙尾、浦頭，下埕為斗門、南垵、保林、東沙、烈嶼。依《馬巷廳志》記載，鹽工（舊稱「曬丁」）人數，在清光緒九年時（西元一八七五年），計有八百零八人。唯元代始建以迄明、清歷朝之鹽工人數，則無稽可考。

鹽場設有司令、司丞、頭目、管勾史、司目，編民丁充竈戶，以十丁為綱，共一竈，歲給工鈔煎鹽，每丁日辦鹽三升。立沙尾、浦頭等十四倉，官府負責設置倉儲，分召商運，指定負責人主其事，歲收鹽課。鹽埕則每埕選大鹽戶一人為百夫長，一人為總催，一人為秤子，收支出納。明代洪武年間，鹽課照元代徵催，唯除納稅糧外，凡雜役盡行蠲免。但永樂以後，鹽籍里甲必須任由官府發號施令，調派差役，疲於奔命。其倉儲庫房，又要求鹽戶自行籌建，尤其是「隔涉海道，風濤時作，商販弗至」，如加上天災地變，洪潦橫流，坵埕崩傾，鹽民毫無收入，實難維生。

想當年，在官府橫征暴斂，天災人禍施虐之狀況下，先民從事曬鹽行業之艱困可知矣！而我們的開浯始祖金沙公率廷講、廷誼、發、臚諸子來金，所從事的行業正是艱辛的曬鹽工作，其處境之艱苦可想而知。

「華房」開基先祖廷講公文獻難考

廷講公是我「浯洲汶水黃氏華房」之開基始祖，但蒐羅、綜覽各種相關文獻，對他暨祖妣蔡氏的記載很少，甚至《浯洲汶水黃氏華房族譜稿》都僅有簡單數行記錄，生歿年代及墓葬資料，僅見忌日為農曆正月初十，其餘均付之闕如。

廷講公一生沒有當過官，也沒有赫赫事功，他可能只是浯洲翔風里汶浦水岸一個平凡樸實的鹽戶、恭順不求聞達的兒子、負責任的丈夫與父親。廷講公生於同安，及長隨父遷徙到浯洲金門，在島鄉成長，成家立業，生養子女，唯一生行蹤動向，實難查考。

現今看到廷講公二弟廷誼公墓園，就在金門太武山羊腸坑「猛虎跳牆」穴，其弟媳蔡氏四娘墓則在相去不遠之「黃蜂出巢」穴，「相房」世世代代子孫仍可祭拜緬懷先人。而我「華房」廷講公墓葬何處，則違反常理的毫無蹤跡，他是否依照「長子顧祖公」傳統，銜父命重返故里同安金柄，或隨其他子嗣遷返內地終老，屆今仍為不解之謎。審閱《汶水相房黃氏家譜》相關紀錄，希望得到一些線索，亦無所獲。個人身為華房第十九世裔孫，未免遺憾，故不揣淺陋，願就所知之有限資料，加以歸納綜整，還原先祖行誼於一二，避免年代久遠湮滅而不彰，未來更添遺憾。

廷講公的生平故事「補遺」

根據《紫雲同安金山黃氏宗譜》記載：廷講公之曾祖父振陽公，為紫雲四房肇綸公第二十七世裔孫，於元兵侵擾閩南同安時（有多種說法，年代暨事件均待考證），避走陝西城池，改姓何，娶其同年蔡公德明之女，生二子，長子名亢，字踖復，號兵何；次子名房，字如復。

如復公即廷講公之祖父，育有二子，長子名金園，號龍派；次子名金沙，號裡泉。金園、金沙二公於永樂二年至三年間（西元一四〇四－一四〇五年）遷浯洲新厝、汶水。其時正當明初「靖難之役」，明成祖大肆誅殺效忠惠帝的臣屬遺族，同安房先祖多人扶佐惠帝、位居要津，故閩南原鄉亦在官剿之列，官軍大肆劫掠，族人流離四散以避難，故研判：金園、金沙二公應係為逃避「靖難之役」的政治迫害避禍而來到金門。

根據文獻記載暨耆老口耳相傳，金沙公係盤眷來金，廷講公、廷誼公、發公、臚公等四子隨行。金沙公離開同安來到金門，率子從事曬鹽工作，全族卜居同安縣浯洲翔風里十七都六圖四甲汶沙保水頭鄉，村落前方即是元代大德元年（西元一二九七年）所建的鹽場，位屬金門鹽場十埕中的浦頭埕。（鹽埕是將「崩塌通潮及拋荒埭田，砌小石為鹽埕，日曬滷水，結成白粒，召商販運，以為定例。」）

至於廷講公之生卒年代則不詳，唯其乃金沙公暨妣李氏之長子，研判來金當時，應已接近成年或已成年。廷講公二弟廷誼為佛宗公，兄弟二人均繼承父業從事曬鹽行業，兼營農耕及養殖。[1]明初廷講公兄弟曬鹽之鹽埕當在浦頭埕或斗門埕。其農耕之地，主要分布在當今的蔡厝、陽翟以北，西園、英坑以南，斗門、浦邊以東，東蕭、西吳以西地區。養殖則在今榮湖建構前之三十八口水塘，以及分隔後浦頭與後水頭的汶水溪（連通金沙溪入海，故俗稱「金沙港仔」）。廷講公三弟廷發公被徵兵奉派補軍事役，在軍中亡故；其四弟廷臚公隨即被徵召遞補，嗣後下落不明，族譜載「繼沒」，然而傳說同安附近有發公後裔繁衍，唯二者皆無實證，此係我汶水黃氏大宗族之一段懸案。

廷講公的傳說辯證與子孫綿延

近期展讀相關文獻，據某清代文獻記載：「而華房之廷講公，世傳與相房廷誼公異婆，叔侄不和，遂各分祭，殆信然歟，不則，何世代昭穆之不紊也。」此段說法，與《汶水相房黃氏家譜》開宗明義所言：「金沙公妣李氏，李開閔公之

1 現后水頭與后浦頭間之榮湖，在民國六十一年（一九七二）之前，原有一條直通洋山灣的漏埕，和散布在兩村落間的三八口分屬華房與相房的池塘，每年過年前都會放水涸池以利捕魚。

長女也，生四子：長佛信，次佛宗，三曰發，四曰臚。」相互矛盾，亦和《紫雲同安房肇綸公後裔文龍公派世系圖》不符，且光憑一句「世相傳」，作為假設，以「分祭」和「昭穆之不紊」做為證明，要後人相信廷講公與廷誼公異母所生，叔侄不和，假設與求證都太大膽、主觀而不夠科學。且該一紀錄係在清代所修，與金沙公、廷講公和廷誼公之年代時隔數百年，年代久遠，如何得而知之？後代子孫綿延，派下各房各柱因利害衝突，容有恩怨，唯文章千古事，文獻記載之收錄如不求真求實，恐將遺患萬代。個人深信該一秉筆先人，應係聽信有心人發抒私怨之傳述，信筆誤植。唯該一說法，分化華房、相房血緣之親、地緣之情，厚誣、褻瀆祖上，居心叵測，後遺大矣！歷史千秋事，不能不予辨明，以免以訛傳訛，誤導後代千秋萬世耳。

廷講公由出生以迄仙逝，皆居住在浯洲汶水，偕妣蔡氏瓜瓞綿綿，子女眾多，計育有六子：長子子陵公，次子子川公，三子子崗公，四子子雲公，五子子岳公，六子子山公。其中長房子陵公和四房子雲公後裔留在金門。二房子川公後裔於明代中葉，移居江西，至清朝初期，又重返島鄉，住在十九都後浦鄉（今之金城鎮）。三房子崗公移居東界九都田中央鄉。五房子岳公移往馬巷董水斗門溪畔。六房子山公移居南安三十五都歐宅鄉。女兒譜所不載，不可得知。

長房子陵公（妣陳氏）之子敬所公次子良沛公（第四世，廷講公曾孫，為汶浦開基祖）為了宗族發展及擴展，乃盤眷搬遷到汶水溪對岸的汶浦頭（今後浦頭），與祖居隔河相望。其餘二、四等各房各柱，則一直都住在汶水頭（今後水頭）。譬如：華房、相房聯合大祖祠地舊址遺基、華房四房子雲公之孫逸叟公（即鄉賢「品德完人」黃偉）故居「邦伯」古蹟，迄今仍留存後水頭村落，華房諸多族親仍堅守老祖宗的舊居，即係明證。是以華房、相房血濃於水，血緣、地緣均密不可分。

我華房一族，自金沙公率子來浯曬鹽維生，迄今（二〇一七年）已歷六百一十二年（明成祖永樂三年，西元一四〇五年起算），廷講公開基迄今亦已六百年。此期間開枝散葉，瓜瓞綿綿，裔孫秉持先祖精神，冒險犯難、經略四方，隨年代之變遷，明、清兩代，華房族人返回閩南故鄉者有之，橫渡黑水溝東遷臺澎者有之，清道光開放五口通商後，更有大量族親前仆後繼遠涉重洋落番墾殖；邇來因交通便捷、通訊發達，散布世界各地者，更是有增無減，歷代人才濟濟多士，遠者自明代進士「品德完人」逸叟公、舉人黃泰、貢元黃雲鵠、黃儀，詩文名家黃元嵩，至清代河南汝州司馬黃雄……等等，近者現代僑領、富商、博士、學者、將軍、政府簡任官、各級校長、企業家……等等傑出菁英，更是不勝枚舉。

故紙堆中難以尋覓廷講公六百年前的蹤跡，但裔孫勉力書寫祖先的故事，旨在緬懷先祖艱苦奮鬥歷史，提醒自己要謙卑認知：在生命的長河裡，個人只是汩汩注入的小水滴，沒有過去，就不可能有現在與未來！廷講公乃鹽戶之子，曬鹽耕讀以維生，頂天立地，清白傳世。我輩當常懷祖德宗功、凡事飲水思源，惕勵自勉，俾無忝所生。

金門歷史的遺珠：司馬公黃雄的故事

百代孝思高仰止，萬年支派永流通；流遠澤長。
百世難忘祖澤德，一經相授作生涯；祖德宗功。

——黃雄故居的兩副楹聯
二〇一五年一月五日立

司馬公黃雄是我長房四柱開基祖

故鄉榮湖畔汶浦聚落，頗多文史古蹟，有紀念「品德完人黃偉」的縣定古蹟「慈德宮」，有歷史建築「黃氏家廟」、「黃宣顯六路大厝」、「黃卓彬洋樓」、「黃卓柏洋樓」等，另外還有一棟古色古香、別具風格的建築：「黃雄故居」。這棟建築源自明末清初我們一位頗具傳奇色彩的先祖——黃公世燃。

世燃公字甫燃，別字仰雲，（但河南《風穴志略》記載為子雲，與廷講公三子子雲公同名，何以有此出入，有待考證。）號炎若，官名黃雄，是汶水黃氏華房廷講公第九代裔孫，第八代希聖公四子，昭穆為甫字輩，乃長長房四柱的開基祖。世燃公的生卒年代不詳，但從其任官的年代推算，應該是出生於明朝崇禎迄南明隆武年間（一六三五－一六四五）[2]棄養於康熙末期或雍正初期某年的正月十七日。[3]我們長長房四柱的年度祭祖儀式與宗族「食餕」（食頭），就是安排在正月十七日那一天，於黃雄故居舉行，我從小到大年年參與「食頭」儀典，印象深刻。

2 《浯洲汶水黃氏華房族譜》記載：世燃公於清康熙十四年（一六七五）補授河南汝州司馬，而《汝州府志》則記為「康熙十一年任（州同）」，二者相差三年。合理判斷燃公應該是在三〇至四十歲間任官，如四十歲任官，應係明崇禎八年（1675-40=1635年）出生，若三十歲任官，則為南明隆武元年（1675-30=1645年，當年亦為清順治二年）出生。因此據以判斷係出生於明朝崇禎迄南明隆武年間（一六三五—一六四五）。亦即明末清初出生。

3 康熙在位六十一年（一七二二），世燃公康熙十四年（一六七五）任官，如果當時是四十歲（40+(61-14)=87），則康熙駕崩時，他已高齡八十七歲。任官如係三十歲，此時年紀也已七十七歲，再長壽，也熬不過雍正朝。故筆者合理推算雄公棄養於康熙末期或雍正初期之間。

▍上：金門汶浦黃氏宗祠冬至祭祖
▍下：家族信仰中心——供奉先祖品德完人黃偉公的慈德宮

族譜記載的懸疑

族譜對世燃公的記載非常簡略，概有：「世燃公，希聖公之第四子，清康熙十四年補授河南汝州司馬，治政清勤，陞署魯山縣事，公卒於正月十七日」、「查公官名黃雄，尚有子孫。二少叔慶在直隸省汝州府魯山縣百三庄居住。乾隆三十五年有二少叔來信，回覆不知有到否？」等兩段。此一紀錄之第一段，頗啟人疑竇，雄公既因「治政清勤」，何以由汝州同知調任知縣，副市長降調市屬縣長，卻名之為「陞署」，不亦奇怪乎？此乃數百年來族人百思不得其解的疑問。個人試從清朝初期的官制、當年的時空背景與歷史事件著手，看看能否找到合理的解釋，解開此一迷團。

世燃公黃雄拔貢至河南汝州任官

根據《汝州府志》、《直隸汝州全志》、河南《風穴志略》，以及《魯山縣志》之記載，世燃公黃雄係拔貢貢生出身，曾任河南汝州同知，四本文獻除了籍貫略有出入（《風穴志略》寫其籍貫為「福建泉州」，《直隸汝州全志》則記載為「福建海澄」），對其官職的紀錄均相同，是以正確性無庸置疑。我們可已經由這兩個確切的基準點與相關的因素做分析比對，應該可以釐清某些歷史迷霧。

族譜並未記載世燃公的成長與求學過程。但經由其學經歷回溯研判，可以理解的是：他必然自幼聰穎好學，飽讀詩書經典，文采過人，品行操守普受鄉人肯定，在希聖公四個兒子當中，是最傑出的，至少是學識最淵博，待人處世最圓融的。

清朝有一種人才選拔制度，稱之為「拔貢」制度，是清代文人入仕正途之一，與鄉試相伯仲。拔貢自順治元年首舉，一直行至與清偕亡。根據《辭源》對「拔貢」條目的解釋為：「由學臣于府、州、縣學廩內，選拔文行優秀者，與督撫匯考核定，貢入京師，稱為拔貢生。」清初拔貢生須入國子監[4]學習三年，然

---

4 國子監是國家教育體系的最高學府，創建之三大功能：協助國家舉行科舉考核、負責對國家最優秀學子的教育工作，規管士子的德行操守。

後考試，合格後方得揀選授職，而授職係依據成績分發，依序為州同、州判、縣丞、主簿、吏目。

世燃公在當時的島鄉，甚至於福建同安或泉州府，想必是品學兼優、最頂尖的人才，才能經由嚴格的選拔，參加清廷「三院會考」的拔貢[5]考試，通過「學問優通，品行端方，才猷可用」的錄取標準，被選入國子監學習三年，學習《四書》、《五經》、《性理》、《通鑑》諸書，兼通《十三經》、《二十一史》，博極群書。三年學習期滿參加廷試，因成績優異而被不次拔擢，並在康熙十四年（一六七五）[6]晉升至河南汝州「州同」（同知）的職務。

《浯洲汶水黃氏華房族譜》記載雄公「補授河南汝州司馬」，據查「同知」為中國明清時代的文官官職名，士大夫雅稱其為「司馬」。雄公補任官職乃「汝州同知」，故雅稱「汝州司馬」。這也是華房長長房四柱被稱為「司馬公派」的原由，而我們族親也自稱「司馬公內」，簡單明瞭。

---

5 有關「拔貢」制度的資料，引自邸永君：〈清代的拔貢〉論文。

6 雄公補授河南汝州司馬的時間，有兩種說法：一為《汶水黃氏華房族譜》的記載：康熙十四年；另外一種記錄則係《直隸汝州全志》的康熙十一年，今從族譜說法。

雄公擔任的汝州[7]同知，是從六品的地方官，等同我們今天直轄市的副市長。其職掌通常為佐理知州（市長）之鹽政，緝捕盜匪，督導邊（海）防等行政事宜，當然也會因地制宜而調整。其在同知任內「治政清勤」[8]，工作上非常清廉而勤勉，而為上級所肯定、器重。既然如此，何以會「陞署魯山縣事」，[9]調任降一級的魯山知縣（縣長）？留學美國哈佛大學攻讀博士學位的童先生，看過個人先前所寫的研究初稿，非常熱心提供他個人的專業意見。他說：

汝州當時是直隸州（省轄州），地位高於一般的府轄州，但低於府。所以其州同、州判的品秩雖與一般州同一樣，晉升的次序卻未必相同。大略來說，直隸州州同（從六品）與外縣知縣（非首都知縣，正七品）是兩個不同的體系，前者是舉人的初任官，後者則是一般進士的初任官。換言之，

7 根據《清史稿》清代河南省領有府九、直隸州五、直隸廳一，縣九十六。汝州即為直隸州之一，民間慣稱「老汝州」、「汝州府」（直隸州與府是一個級別的），位於河南省中部，下轄魯山縣、郟縣、寶豐縣、伊陽縣等四縣。

8 根據《汶水黃氏華房族譜》的記載。

9 根據《汶水黃氏華房族譜》的記載。

拔貢生應該不能直接擔任直隸州同。恩拔副貢生初任可以擔任直隸州州判或一般州判（從七品），比州同低一階，接著可升外縣知縣，再由外縣知縣陞直隸州知州（正五品）。直隸州同的下一任官，則只能是府同知、知州、或外府通判，不太可能降授知縣。若把家譜裡的州同改為州判，則陞署二字就可以理解了。

唯前揭河南四件文獻都清楚記載黃雄公確為「河南汝州州同」，對照清朝初期的官制，族譜所述「陞署魯山縣事」一節，如果不是宗族紀錄者筆誤，或歷代抄錄疏失，將任職時序顛倒誤植，就是另有非常特殊的原因了。

假設係任職時序顛倒誤植的辨正

如果雄公任官時沒有特殊原因，依照清初任官的制度走，那麼族譜正確的記載應該是：雄公通過清廷國子監廷試後，派任的第一個職務不是州同，而應該是汝州州判（從七品），接著因「治政清勤」而陞署魯山縣知縣（正七品），知縣再補授「汝州司馬（州同）」（從六品），陞遷的順序如此就合情合理了，不至於讓人丈二金剛摸不著邊際。但較弔詭的地方，則是筆者查閱《魯山縣志》的歷任魯山知縣，並未發現雄公的名諱，致使「陞署魯山縣事」[10]更添想像空間與研究價值。

雄公久任汝州官職的可能緣由

姑且以上述推論為準，雄公在汝州（魯山亦在轄內）先後擔任魯山知縣，繼任州同一職，最後且終老於斯，如對照當時的政治情勢，事出並不偶然。個人初步依照大時代歷史發展的脈絡研判：

根據《閩豫林氏近支宗譜》記載：福建海澄籍（一說是永春）的鄭成功舊屬林順，因厭惡鄭氏紛爭內鬨，於康熙三年率領金門、鎮海鄭軍降清，康熙七年，再奉命帶領金門籍的陳樞等四十三名部將暨士兵八百零六名，遷魯山縣住

---

10 雄公署陞寫的是「縣事」，並非「縣知」或「知縣」，留有很大研究空間。

紮屯墾。此時林順、陳樞尚在，人數雖然不多，但係編制完整的軍隊，仍需要閩南籍、懂得閩南方言的地方官來調和明鄭降兵與地方的關係，而就這一段時空計算，康熙七年至十四年，判係雄公擔任魯山縣知縣的時間，有調和兩者關係的任務，也是《直隸汝州全志》將其籍貫誤載為「福建海澄」的原因。

雄公補授汝州司馬在康熙十四年（一六七五），此後七年多時間，清廷忙於處理和平息三藩之亂。此時，明鄭東寧王朝治臺，唯朝政不彰，內亂不斷。康熙二十二年（一六八三）八月，施琅攻臺，東寧末代國主鄭克塽投降，臺灣歸入滿清版圖。清廷為防範明鄭勢力再起，並對閩臺軍人之強悍充滿戒心，乃將東寧王朝文武大臣、明朝宗室萬人，以及所有官兵，由南方載入大陸內地北方各省偏僻荒蕪之地墾荒，其區域以山東、山西、河南為主。而到河南墾荒者大多集中於中部伏牛山東麓的汝州府魯山縣境內。[11]

鄭芝龍、鄭成功父子在金廈等閩南地區樹旗招兵，其部將兵卒多為漳泉子弟

11 河南省汝州魯山縣，古稱魯陽，位於河南省中部伏牛山東麓。山區佔總面積77%，西部為山地，中部丘陵，東部平原，被稱為「七山一水二分田」，在當年是交通不便、偏僻落後的山區。絕對不是當前魯山縣網站所謂的「土地肥沃，光照充足，糧食作物一年兩熟。……焦枝鐵路縱穿南北，交通便利」等景況。

兵（包括同安、金廈……等），成為其抗清的砥柱力量，深信此段時間一定有不少金門子弟加入鄭軍行列，明鄭投降，這些金門籍官兵勢必難逃北徙內地墾荒的命運。為了排除語言的隔閡，方便管理，嫻熟閩南語、深切瞭解閩南風土民情，曾任魯山知縣、時任汝州州同的雄公應該是最適合的溝通橋樑，若然，亦可為雄公「治政清勤，陞署魯山縣事」找到合理的注解[12]。

雄公在汝州州同任內，因時際會剛好碰上歷史上的一件大事，即康熙二十四年（一六八五）康熙帝下令征討侵佔中國東北雅克薩的沙俄軍隊。出征的軍隊正是由各地挑選到魯山編成並集訓的明鄭舊部：「藤牌軍」[13]，領軍的是林順的侄子林興珠，林順另一侄子林建為副將，陳樞的孫子陳昂為僉事都督，也就是說

---

12 按此推論，「治政清勤，陞署魯山縣事」可以解釋為「並非調任魯山知縣，而是特任兼職督導在魯山縣境墾荒的明鄭閩南籍軍隊的管理事務。」

13 「藤牌軍」是由鄭成功創建並精心訓練的特種兵。他是利用福建出產的藤條來做盾牌，搭配細刀、雲南斬馬刀，刀牌併用，靈活機動，可以用於水戰，更可以運用於陸戰。該部隊使得擁有強大鐵騎的滿洲旗兵吃盡苦頭，也懾服並打敗荷蘭軍隊收復臺灣。康熙為收復東北被沙俄侵佔之地，派人到山東、山西、河南三省，從墾荒的鄭家軍中挑選五百名戰士，又在福建等處降兵中挑選善用藤牌和刀片者，同時下令福建提督施琅，選取堅韌優質藤牌四百具和所需刀片送京，命林興珠重新組建藤牌軍，相信其組成集訓的地點就在魯山縣。根據《閩豫林氏近支宗譜》記載：這支遠征的藤牌軍是康熙二十四年正月初一由魯山出發的。

其成員大多是南方發配北地的閩南子弟[14]。此時，身為汝州督導邊防、緝盜治安的地方官，雄公還能置身事外嗎？倘若是州同兼職督導魯山縣境原明鄭軍隊的墾荒整訓管理事務，雄公更可能是此一重大任務的主要負責人之一。因此，筆者研判：在此一維護國土的遠征中，雄公應該是有參與其事，至於負責那些事務，涉入程度深淺，則有待查考。

司馬公生命終點在河南

雄公擔任魯山知縣和汝州州同的任期多久、起迄時間為何，無足夠文獻可以稽考，但從其子嗣在乾隆三十五年（一七七〇）[15]依然住在魯山縣，且《魯山縣志》卷二十四〈列女傳〉有以下之記載：

14 歷史上也有人說：康熙原可輕易驅逐沙俄軍隊，派藤牌軍出征，是一石二鳥、借刀殺人之計，藉以消滅明鄭精銳的部隊。事實證明：清廷從未為藤牌軍升級武器裝備，以至該一部隊於鴉片戰爭時在廈門遭英軍重創，更於太平天國之亂時幾乎全軍覆沒，真是可嘆又可悲。

15 根據《汶水黃氏華房族譜》的記載：尚有雄公次子喜卿公的子孫住在魯山縣，乾隆三十五年且由河南寄信回金門家鄉。

黃珽妻王氏，汝州同知黃雄之長孫婦也，夫故，年二十七，遺孤甫三歲，孝事翁姑，善撫兩弟，及兩弟亡皆無嗣，氏獨守志不易，現年五十八歲，住馬唐庄。[16]

判斷雄公任公職，應該都是在汝州，且在汝州州同一職退休，去世後長眠於魯山，而在島鄉金沙鎮東埔村前的墳塋乃是衣冠塚，藉資紀念耳。

雄公元配王氏，忌辰為八月十七日，葬在山前鄉西田洋尾大路上，坐向癸丁丑未。庶妣卜氏，生卒時間與喪葬資料均付之闕如，研判係隨侍雄公赴河南，並於該地終老。雄公與二妣育有六子：長子輔公，字一卿，別字漢軻。次子慶公，字喜卿，別字漢喜，隨任汝州無回，就在魯山馬山（唐）庄[17]定居，已於該地蕃

16 引自《魯山縣志》卷二十四，〈列女傳〉。

17 根據《汶水黃氏華房族譜》記載：「慶公在直隸省汝州府魯山縣百三庄居住」，然經汶浦十九世裔孫奕展聯絡魯山縣黃氏宗親與相關單位查詢，魯山縣並無「百三庄」地名，唯有馬山庄，且多黃姓人家居住。因年代久遠，魯山之伏牛山區歷經對日抗戰、國府戡亂等戰亂，滄海桑田，較難追索。近期經告知：奕展在河南黃氏宗親會協助下，已尋獲雄公後裔，唯尚待查證確認。

衍子孫，乾隆三十五年期間猶與島鄉親族互有書信往返，嗣後中國因列強欺凌，軍閥割據混戰，內憂外患接踵而至，河南苦難尤深，自此音訊中斷。三子機公，字隆卿，別字漢隆。四子奏公，字御卿，別字漢御。五子衮公，字萃卿，別字漢萃。六子冕公（卜氏出），別字漢冠，皆有蕃延。

我們家族，係雄公長子輔公所傳，輔公三子槐公（字士樹，別字元祥）為子孫發展，由汶浦聚落西面祖居遷居東甲，其首先落腳之地，即今日榮湖畔之「中間」雙落厝，大廳高懸「元祥長春」，家族「僑批」（僑居地寄回之信件）集結成冊，名之為《長春書柬集》，就是紀念槐公拓殖之功。

雄公在金門故鄉遺有一落四櫸頭故居乙棟，位於汶浦聚落的西北面，因為年久失修，有傾圮之虞，乃由裔孫組成「司馬雄公紀念基金會」，發動海內外族親慷慨解囊，並運用以產治產等方式，籌措整建經費，歷經多年努力，施工兩年，終於在民國一〇三年（二〇一四）中竣工，一〇四年（二〇一五）一月五日舉行奠安大典，後裔由南洋、大陸、臺澎各地匯集島鄉，參與盛典，縣長陳福海先生親臨致祭點主和獻匾，金防部司令官湯家坤中將暨地方官員、仕紳都蒞臨慶賀，固一時之盛，亦彰顯慎終追遠孝道、感戴雄公之事功與遺澤。確實是：德澤豐盈裕后昆，政績隆聲耀汝州！

勳績卓著，故鄉遺珠

《金門縣志》記載：清朝初期金門縣籍的貢生，順治朝有五人，包含與雄公同族汶水頭人的黃茂榮（為副榜）；康熙朝有十三人（其中有庠生、蔭生，非盡俊秀）[18]，唯獨遺漏出身拔貢、在異地他鄉勳績卓著的黃雄，誠有遺珠之憾。期盼《金門縣志》有所補正，使雄公「政績隆聲耀汝州」的事蹟能見諸故鄉的文獻，傳諸後世，以免此一被塵封在遙遠異鄉的故事年久而泯沒。

18 根據清光緒八年撰修的《金門縣志》記載。

不識字的俺娘

我的娘親名諱張英（一九一九－一九七六），金門人，出生十八日即被送到我家為童養媳；娘親不識字，卻是最懂得忠孝節義與人情義理，她一生奉獻黃家，躬身實踐倫理道德，是備受鄰里親族讚嘆與懷念的人。

童養媳、不識字

「俺娘」是金門話，稱「我娘」。早年金門人多因家庭環境艱困，生下女兒後送人做童養媳，既可免去養女兒的生活開銷，且又省下將來嫁女兒的妝奩花費，一舉兩得。當年先祖父母在生下大伯、二伯後，又連續生了五個女兒，就把大姑、二姑、三姑、四姑全都送人了。但在四姑出養時，祖父母與人三角對換，抱回出生未滿月的娃兒，就是我的娘親。先祖母親自哺乳、撫養娘親長大，自始至終都當作自家孩子看待，對其信任與愛護，猶勝親生子女。只是當年家境清寒困苦、社會普遍不重視教育，加以傳統「女子無才便是德」的錯誤觀念作祟，俺娘從未進過學堂受教育，當然也沒機會識字。

娘親年方五、六歲時，家中遭逢巨變，同一年裡大伯章水公、二伯章憨公先後在十八、十六歲因病英年猝逝！當時幾個大姑姑皆已出養他人為童養媳，五姑尚年幼，後來祖母再生下家父、二叔、三叔、四叔，都是由娘親協助拉拔、照顧長大的，娘親可說是沒有童年，從小就開始操持家務，勞動一生。正由於家中與娘親同輩者皆年幼，尚難分擔家計重任，故無論農忙或其他家庭事務，祖父母皆倚重較為年長的娘親為主力幫手。也正因長年跟隨祖父做事，親炙教導，耳濡目染，深受影響；娘親在教育我們時，就常以「恁阿公生前常說……」做開場白，引證祖父所言所行，以及祖父卓耆公當年處理事情的實例，來印證她的說法，加強事理的說服力。

感恩、孝順的俺娘

俺娘是感恩惜福而孝順的。祖父母對於娘親有養育、疼惜之恩，娘親終其一生，視祖父如神明，待祖母為親娘。祖父從領養娘親開始，不僅把她當成親生的女兒教養，更貼切的說法，應該是當成另外一個兒子在培養。農忙時，祖父把她帶在身邊，教導犁田耕作的技術，辨識農作物的種類與特性，擔粗駝糞（挑水肥、撿拾曬乾的牛糞運回做耕作的肥料）。農忙之餘，祖父講古述事，說著做人處事的道理。清明時節，祖父領著她從前山仔、水頭山、下塘頭、東蕭到蔡店後，踏遍所有的鄉野，披荊斬棘，一一辨認祖墳的位置與地理特徵，陳述長眠斯土祖先的事蹟。春秋祭祖，女孩不能參與，但祖父都會仔細述說我們汶水黃氏華房的世系，以及五安祖守恭公、太守祖（逸叟公黃偉）和司馬公（黃雄）……等先祖的故事。

因此，從小到大，娘親一直都是祖父最忠實的聽眾，也承接了祖父念茲在茲的傳統宗族觀念與倫理道德，並且將這些觀念原原本本灌輸給我們。是以，清明帶我們去掃墓的是娘親；講述祖先事蹟和族譜故事的，也是娘親；勉勵我們要敬天法祖、孝順長輩的，更是娘親！尋常生活裡，她的身影、她的話語，幾乎無所不在，時時縈繞我們心頭。父親在晚年時，曾經落寞感慨的告訴大姊：「你們幾個孩子的心，似乎總是向著你俺娘！」父親說這話時，娘親離開人世已經二十幾年，我輾轉聽到這話語，心情有點複雜，幾許心酸卻難以辯解。

俺娘做人處事的原則與模式，大多來自祖父卓奢公自幼給予的啟發和教導，部分則係受到忠孝節義傳統戲劇與民間故事、鄉野傳奇的影響。娘親熟稔許多中國民間故事與傳奇軼聞，因此，我們童稚年代的床邊故事，不是安徒生童話，白雪公主、小紅帽與大野狼，也不是哈利波特，而是陳三五娘、薛平貴與王寶釧的傳說，以及「汶鳳殿」小廟裡供奉的田都元帥、清水祖師等神祇救苦救難、令人景仰、嚮往的故事。這些隱藏在故事裡的中國傳統道德標準，從娘親的口中傳述，深深烙印在我們稚嫩的心版上。

娘親孝順祖父母，在鄉里間早有好名聲。譬如：年輕時，她原本不想出嫁，最後歷經掙扎，順從祖父的懇求，與父親成親（當時娘親年已二十五，父親二十）；又如娘親常年在田野耕作，養成講話嗓門較大的習慣，但與祖父母或其他長上的應對，卻是輕聲細語，即使受了委屈、遭到責備，也從未強加辯解或出言頂撞。另外一個讓我終身難忘的例子，則是某次父親因為處理宗族長輩的問題，與祖母意見相左，引發祖母罕見的極度不滿，祖母氣得把自己關在房內，不吃不喝，也不下床，任憑父親再三道歉，叔嬸、三姑和其他親友苦苦相勸，依然毫無轉圜餘地。最後，是娘親在祖母床前長跪不起，哭泣哀求祖母息怒，才化解了家中的一場風暴。時隔數十年了，娘親長跪祖母床前的畫面，一直鮮活的留存在我的腦海。娘親不識字，看不懂任何經典，也說不出一番大道理，但她以具體的身教，告訴我們什麼是真正的孝順。未曾讀過聖賢書的娘親，一言一行完全切合「啜菽飲水，盡其歡，斯之謂孝」的道理，這是很多飽學之士所做不到的啊。

謙遜而忍讓又低調

俺娘是謙遜而忍讓的。在大家長祖父病歿（民國三十三年，家姊彩華甫出生四個月）之後，我們的大家庭就由父親當家，娘親謹遵從父、從夫的傳統，從不多言。父親經商常年在外，但以長子（大伯、二伯過世後，遵循命理師囑咐如此稱呼）之尊，凡事一言九鼎，是具有威嚴、一錘定音的「兩撇」（引自仁丹商標國王的形象，這是叔嬸等長輩戲稱「背後罵皇帝」，私下給父親取的綽號，另一個綽號是「司令官」）。而做為祖父母最信任、鍾愛的長媳，在商議家族重大事務或分配任何事物時，娘親則始終選擇站在最隱微、最不顯眼的角落，唯父親和叔叔們的意見是聽，沉默寡言不置一詞。此外，從我很小很小的時候，娘親就教導我們姊弟忍讓的道理。她說：「在大家庭裏，沒有彼此體諒、謙讓，很快就會分崩離析，甚至反目成仇，尤其你父親是這個家庭的家長，你們更有凝聚家族團結的責任。」是以娘親與人為善，孝順祖母，友愛所有的小叔和妯娌，甚至視所有的侄兒姪女如己出，故而有些堂兄弟姊妹都跟我一樣稱她「俺娘」，而非「大伯母」。

俺娘從不說重話或口出惡言，而且為人低調、總為人設想，所有大家不願做的苦差事，她都毫無怨言的去承擔。在家中或非親即故的聚落裡，人多嘴雜，孩子們的爭吵勢難避免，當我們與堂兄弟姊妹或四鄰親友有所爭執時，她都要求我們先自我檢討，有時研判大家都有錯，總是先責罰我們，她常說：「一個銅板不會響，兩個銅板響叮噹。」在是非對錯的原則堅持上，娘親是堅定的，但態度從未因為理直氣壯而咄咄逼人，因為她深知「人要面子樹要皮」的重要，撕破臉只有治絲益棼，讓事情的處理更加困難，對於解決問題毫無助益。我也記得，小學時每次我開心的拿了獎狀回家，俺娘總要我收起來就好，別張揚、莫得意，因為其他堂兄弟沒有拿到獎狀，莫傷了他人的心。這就是俺娘逐漸成為家族最沒有爭議、最大公約數、人人肯定的原因所在。

硬頸、淡泊又友善

娘親是硬頸而有骨氣的。她從襁褓即出養我家，稍稍長大，應外祖母的要求，偶爾回東埔娘家省親，但因身材矮小又瘦弱，且長年在田中耕作，受日光曝曬、臉龐黧黑，所著衣物又陳舊寒酸，某次便遭到一位同齡親戚譏笑，甚至拽扯其髮辮，娘親自覺受辱，自此甚少返回近在咫尺的娘家，一直到婚後生了大姊且外婆年邁體弱，才經常揹著大姊回去探望走動，以慰親心。

我們家族曾歷經貧無立錐之地、祖父母貧病交迫，子女眾多，食指浩繁，家用捉襟見肘的困境，飽嘗社會嫌貧愛富、趨炎附勢等世態炎涼的冷酷現實。娘親親眼目睹、親身體驗，印象極為深刻。因此，她經常提醒、告誡我們「富在深山有遠親，貧在市廛無人問」、「疼惜比自己貧苦的人，是一種功德」、「飽時莫忘吣（餓）時代」。她同情弱勢而貧困的鄉親，對於同樣不識字、淳樸真誠的農人、工人和漁民，特別友善。住到沙美街上時，無論在「珊豐飼料行」或「協發布莊」，對於從鄉間到街上買賣東西的鄉人，無論寄放籮筐、扁擔或鐵桶等用具，以及採買完畢請託代為看管品物，她都是來者不拒，熱情招呼。

娘親是淡泊名利的。她的生活極為簡單，衣著樸實，從不戴首飾，飲食也只求粗飽，不稀罕珍饈美食。身為一個生長在南方的閩南人，娘親最喜歡吃的東西，居然是北方的大饅頭，有時候，她可以一個饅頭配白開水，細嚼慢嚥吃得津津有味度一餐。我想：娘親生長在窮困的浯洲大地，從小到大，都以地瓜為主食，一年到頭，偶爾能吃到一個白白胖胖的大饅頭，誰說那不是一種幸福？貧乏與富足，幸福與否，並無絕對的標準，不是嗎？自娘親棄養後，每年忌日的拜拜，大哥都會準備一個「阿西饅頭」當供品，我想它在娘親心目中應該是遠遠勝過所謂的米其林星級美食吧。

大家庭的經濟，統籌統支，父親負責管理全家的家計，學費支出、家用之費，一視同仁，甚至過年的壓歲錢也是分齡同額，毫無例外，我們的童年沒有零用錢，是家族所有兄弟姊妹共同的記憶。因此，娘親即使有特殊的用度，也不便、不願向父親開口。記得娘親常年為鼻子過敏所苦，嗣後經人建議抽菸可有緩解作用，逐漸染上偶爾吸菸的習慣，唯當年香菸並不便宜，娘親不願當「伸手牌」向父親求援，便在家族農忙之餘，與大姊在蔡店附近田仔墘開闢一方菜圃，種小白菜、空心菜、韭菜、蔥蒜……等蔬菜，一部分供自家人食用，多餘者則送到沙美早市賣予當地駐軍，解決了買菸的問題，也可補貼家用，並節省下家裡買菜的支出。

娘親對於父親公平、公正總綰家族的資產，是有信心的，她的信心來自夫妻間數十年的瞭解。父親自律甚嚴、公正不阿，生活儉樸刻苦到被外人譏諷為吝嗇、小氣。他的作風，也素為叔嬸們所信任和尊重。但娘親對於祖產嗣後的鬮分，其實有著更長遠而前瞻的憂慮。她警告我們：「祖產公平、公正處理，未必可以免於爭端；若後輩擺不平，絕對後患無窮。」她又告誡我們：「天地間第一不仁不義，兄弟爭產！」、「祖產不可恃，富不過三代！」。我謹記娘親的預警與訓勉，在高中時便做了一個重大的決定，亦即函稟遠在南洋的二叔（我出生即過繼予二叔嬸），我放棄二房祖產的繼承權，並且在高中畢業後即毅然瞞著父親投效軍旅，自立自強，希望可以免除不必要的紛擾。

娘親不重錢財，有一個更經典而顯著的事例。父親經商，有時唯恐貨幣貶值，或防範時局動亂，便將紙鈔變現為黃金或銀元（俗稱「袁大頭」），存放在一隻皮箱內，交由娘親保管。娘親接過皮箱，不問箱內到底放了些什麼東西，便直接疊放到紅眠床的置物櫃上。自此，這隻皮箱安靜落腳、塵封在慶餘居「後房」娘親的臥室一、二十年，紋風不動，一直到娘親病逝，父親處理她的遺物時，才將箱子拿下來，此時箱子的鎖頭早已鏽蝕，花了九牛二虎之力，才得以開啟，袁大頭的封紙早已泛黃破損，必須重新包裹。足見娘親對於保管的錢財，從頭到尾沒有一絲一毫的貪念，即使她手頭從來沒有寬裕過。

俺娘二三事皆典範

緬懷娘親在世時的點點滴滴，反覆咀嚼她生前給予的庭訓，回首來時路，內心深處充滿感激和孺慕之情。嗣再對照當前一些名人的所作所為，更有著無限感慨。飽覽群書，滿腹經綸，擁有世界級的頂尖學歷，以及傲人學術成就，甚至歷任要職、位居要津者，難道就一定「知書達禮」嗎？察其言，觀其行，只見渠等舌粲蓮花，滿嘴謊言，顛倒是非曲直，良知被名利所蒙蔽，這種種醜態，顯示其「文不盲而心盲」，頂多只能歸類為「沐猴而冠」的猴子，那裡比得上我「文盲心不盲」、雖不識字卻通達事理的俺娘呢！

上：早年全家福照片，第一排右二為先慈張英女士，最後一排左二為作者。

下：先慈張英女士，右手抱長孫獻煜，左手抱長孫女懿慧，欣慰之情溢於言表。

惠安姑丈

從小我就喜歡聽大人說故事。孩提時，我聽過最好聽、最吸引人的故事，不是娘親的床邊故事，也不是老師說的中外童話，而是三姑丈莊轉生（一九一四－一九七二）所講的他們惠安老家的鄉野傳奇和風俗趣事。

我有五個姑丈，大姑丈早逝，余生也晚，無緣認識。二姑丈僑居馬來西亞，四姑丈身陷對岸廈門，緣於地理遙隔或政治阻隔，也從未見過這兩位姑丈。五姑丈下南洋前，我年幼印象模糊，及長，他與五姑一起返鄉時，偶有機會見到，但接觸不多，當他晚年常返鄉時，我卻又身羈軍旅，只能遺憾緣慳吧。所以，就只有常住金門的三姑丈與我們接觸最多，關係最密切，也最受孩子們歡迎。

三姑丈福建惠安人，民國三年生，名諱莊轉生。惠安位在泉州灣和湄州灣之間，與金門相隔一道淺淺而狹小的水道，直線量測，僅數十公里，是許多金門人的原鄉。惠安以石雕、石材和堅毅勤樸的「惠安女」聞名，然而半世紀前的惠安，其實與絕大多數閩南地區一樣貧困，因此年輕男子外出謀生者非常頻繁，尤其石雕師傅、木工、泥水工匠，往返晉江、廈門等市鎮工作，更是司空見慣，轉來金門打工者，亦甚常見。

三姑丈年少時，隨著惠安長輩到金門蓋房子，他是技術很精巧的木匠，因為勤勞樸實，先祖父卓奢公極為欣賞，便將三姑媽嫁給她。姑丈家在內地，婚後就近之便，先住在我們后浦頭「中間」祖厝雙落的護龍屋子，即使後來搬家，也是住在老雙落「慶餘居」後面：落番宗親的老宅子，也就是搬來搬去，都是距離我家幾步之遙，隔鄰而已。

民國二十幾年與三姑結婚時，姑丈憑著一技之長，加上勤快認真，有著穩定的收入，而當時家父尚未成家、幾位叔叔都未成年，姑丈基於「愛屋及烏」，因此對於岳家非常照顧，父親及幾位叔叔對他當年的協助與關照，都銘記在心，也經常提起。我未出生之前，姑丈是如何支援和協助我們黃家，我只能從長輩的口中略知一二；等我懂事後，親眼目睹：姑丈與父親合作開木材行（兼製壽板），他正是店裡唯一的棟梁支柱；而每年農忙時，三姑、大表姊及二表姊都拋下他們手邊的工作，優先來幫忙我們家播種或收割，是幫農的主力骨幹，尤其大表姊翠金，身手俐落、熟練，連一般成年男子都遠不及她的效率呢！

姑丈對祖父母極為孝順，民國三十三年祖父過世，他協助家父操辦所有的喪葬事宜；他稱呼祖母為「三嬸」，而不是和姑媽一樣叫「俺娘」或「岳母」，我猜大概是初到村子打工時，跟著別人稱呼（祖父卓奢公在兄弟中排行第三，族親子侄輩稱其「三叔」），一直改不了口吧。祖母年滿六十大壽，他用最頂級的福杉，幫老人家預先打造了一付壽板，就豎立在我們老家大廳進門的右側，歷經三十二年，祖母民國六十七年逝世時，就是用那付壽棺大殮的，抬出家門到公祭場地，居然要八個年輕力壯的男子費盡力氣才抬得動，足見其沉重。按照閩南習俗，在那個苦難的年代，子女晚輩能幫父母長輩預先備好壽材，老人家不僅不以為忤，反而認為是孝心的最高表現，也是富貴的表徵。

童年時，我們最喜歡在夏日夜晚，坐在小板凳上，圍著大人聽故事，其中就以姑丈的故事最具吸引力。他所講故事，大多是惠安老家的一些風俗趣聞、掌故，以及鄉野傳奇，譬如：老虎下山吃人，如何神出鬼沒；狐狸變成人形跟道士鬥法，你來我往；還有精靈蟾蜍以清泉滋潤蓮花山，明朝皇帝計破惠安龍脈，以及惠安女如何下海捕魚謀生……等等，每個故事都讓人聽得瞠目結舌、神馳心動。

如今回首前塵，停格在那段令人懷念的時光：只見滿天星斗，夜涼似水，在靜謐的汶浦聚落池塘邊，姑丈用濃濃的惠安鄉音、輔以生動的表情與手勢，娓娓描摹著惠安故里的點點滴滴，那些遙遠而金門所沒有的事物，是如此的新奇而引人入勝。兒時我們帶著奇幻故事入夢；長大後，負笈他鄉，四海飄泊，並沒有因為時空久遠而淘洗淡忘，反而隨著年歲漸長沉澱與反芻，益發印象深刻。當年，我只愛聽那些新奇的鄉野傳奇，卻無法理解姑丈何以那麼有耐性、那麼博學多聞？在叨叨絮絮訴說著老家的人事物時，又怎麼也會聲音哽咽、淚光乍現？現在，我年屆花甲頗能體會當年姑丈那一種濃郁的鄉愁，鄉關不遠，但政治的鴻溝與漫天烽火，卻阻斷了歸途。一直到民國六十一年姑丈過世，兩岸都處在劍拔弩張的緊張態勢，有家歸不得，恐怕是他最大的遺憾吧。

早年的金門，生活困苦，一般人平日很少有機會吃到肉，只有過年過節或祖先忌日等特殊的日子，才能吃到豬肉、雞鴨或魚蝦等食物。在農業社會，可能因牛是重要工作伙伴，總不忍殺牛而食其肉，或民俗傳說（有人算過八字，不可以吃牛肉）等要求，所以當時在金門鄉下敢吃、會吃牛肉的人，還真的不多，吃牛雜（包括牛肚、牛心、牛蹄及牛尾等內臟、頭尾、四肢等部位）的就更少了。但是，三姑丈卻有一項「絕活」－燉牛雜。只要他風聞什麼地方要屠宰牛隻（那時金門還沒有什麼「全牛大餐」，殺牛很稀罕，久久才有一次），就去預訂那些處理起來費時費工的牛雜（正因如此，所以價錢都很便宜），帶回家很有耐心的分類處理，用明礬、鹽巴，一遍又一遍清洗，處理乾淨了，就會放到五十加侖汽油桶切半的克難大釜裡，加了老薑、陳皮及細鹽，用砍劈的大材燉煮至少四、五個時辰，熬煮時肉香四溢，連隔壁村子後水頭都可以聞得到呢！大家都知道：「轉生姑丈又在焢牛肉囉！」到了傍晚，不用廣播通報，一群「小饞鬼」已經主動報到，端著碗圍在那兒，管他八字准不准吃牛肉，先補充蛋白質再說！姑丈一向大方公平，分配時一人一碗，包括他的小孩都不例外。在寒冷的冬夜、氤氳裊裊的炊煙裡，手捧著那碗熱騰騰的牛雜湯，那種幸福的感覺，真是令人難以忘懷。幾十年過去了，我一直到現在，還是非常喜歡吃牛雜湯，但吃遍了全臺各地的牛雜湯，卻怎麼樣也找不回當年姑丈所烹煮的獨特味道了。

姑丈跟當時大多數的工匠一樣，偶爾喜歡小酌兩杯，而姑媽偏不喜歡他喝酒。為了省錢和不著痕跡（不要留下酒瓶），他想了一個變通的方法，就是化整為零，到小店一杯一杯的買，他喝的酒，通常是五加皮或紅露酒，哪有現在的高粱酒，更不用提什麼「XO」或「21年皇家禮砲」了。他最喜歡找我幫他去祖厝前豬伯家的小店買酒，原因是他認為，在子侄輩中我最勤快、使命必達、帳目清楚（找回來的零錢，絕對如數繳還，不會暗砍），但最關鍵的，是我老實可靠、口風很緊，從不當「抓耙子」。但姑丈後來因為喝了劣質酒而造成行動不便，也沒有辦法再做木工了。我知道後，頗為內疚後悔，我想：假如當時我能及時向三姑示警，讓她去阻止姑丈喝酒，姑丈的人生，應該會有不同的發展吧？

姑丈生長在惠安，工作、成家、養兒育女到逝世都在金門，也葬在金門，終其一生，都身不由己的在大時代的浪潮裡浮浮沉沉。或許比起我們落番至異邦的族親，姑丈已經幸運多了，起碼擁有一個溫暖的家、安定的生活，而且站在金門的土地上，就可遙望近在咫尺的家鄉。但我想：望鄉而無法歸去，是不是另一種更深沈的痛苦與遺憾？忠厚寡言的姑丈，從未與人提及個人的感受，但由他細細描摹的惠安故事裡，我們可以深切地瞭解：姑丈從未忘懷那「背上鋤頭、畚箕和地瓜乾」、「萬女鎖蛟龍」的故里。

從姑丈的生命故事裡，我瞭解到：無論多麼平凡的人，都有其豐盛而深刻的內涵，值得讚嘆和敬畏。我的三姑丈，是一個平凡的木匠，但卻在我年少歲月中，扮演著不平凡而重要的角色，帶給我很多啟發，惠安姑丈謝謝您！

我的俠客二哥

我不是作家，也無意於文藝創作；我只是想寫一些故事，寫很久很久以前或不久以前在我身邊發生的故事。我將腦海留存的鄉野傳說與歷歷往事，用筆和紙記載下來，白紙黑字，保留給親朋友人與有心的後人研讀，希望先人所走過的足跡，不要像海灘的腳印，水過無痕，或如湖心鴻影，雁去蹤杳。若能藉著書寫留駐記憶，傳承於後，個人於願足矣！

我二哥名太平（一九五〇－一九九三），英年早逝，但數十年來他的身影一直縈繞我心，尤其每每家族年節喜慶相聚時，偏缺二哥爽朗豪氣的俠客行蹤，遺憾更深，懷想更多，幾至痛徹心扉。

我有同胞手足三人，大姊彩華（一九四四－一九九三）最長，隨後大哥奕展、二哥太平，我是屘子。姊姊、兩位兄長和我，都相差三歲間距，因此，我們常戲稱父母親是最早的家庭計畫實踐者，只不過配額控管稍微寬鬆而已。但在那個反共抗俄、反攻大陸、整軍經武、積極鼓勵「增產報國」的年代，四個小孩還算少的，環顧左鄰右舍一家七、八個孩子的，大有人在。

任俠好義，敬長護幼

小時候，父親忙於經商，娘親必須參與農事和輪流炊爨等家務，並無多少時間可以管教我們，因此，自然形成大的管小的、姊姊照顧弟弟，一級管一級的自然梯隊。大姊最具權威，通管三個弟弟，其次是大哥、二哥，我是最底層被管的對象。印象裡從小到大，二哥很少管我，更別提管教或打罵了。倒是有多次帶我去玩水或抓魚、抓蝌蚪，回到家中被查覺，即使挨罵、被揍，二哥都是一肩擔起，緊抿著嘴唇，絕口不把我這小共犯供出來。我記得最清楚的一次，是小學時有個暑假，我們一起到斗門溪園的番薯田去幫農，中午日正當中大汗淋漓走回家，途中需涉水越過清澈的斗門溪，冰涼的溪水浸過膝蓋，那種透心涼的致命吸引力，叫人難以抵擋，我們倆索性脫光衣服到溪流裡玩起水來。二哥水性好，逐漸游往深處，我不會游泳，起初只在離岸不遠處泡水，後來逐步向深處探索，不料一個踉蹌跌落水坑，差點溺水，二哥急忙將喝了多口溪水的我撈上岸，二人玩興盡失，急忙穿上衣服回家。一到家，娘親看到我髮梢殘留的溪砂和水草，加以神色有異，便猜到是怎麼回事了，不料一旁的二哥搶著回答，是他叫我泡水玩水的，最後當然被修理得很慘，我則因為有二哥扛起所有責任，而免於被痛扁一頓。

二哥個性率直、倔強，但畢生尊敬大姊和大哥，記憶裡二哥從未與他們發生爭執，更從無拂逆之言或惡言惡語。但有次二哥發生與人鬥毆的事件，讓我終身難忘。就在二哥國中時，因細故與同班同學發生爭吵，進而扭打互毆，那位同學自然不是二哥這個運動健將的對手，只好回家告狀去。這下「代誌大條」了，他揍的不是旁人，正是我們姑婆的大兒子，我們要稱表叔的，浯鄉重視宗族倫理，「論輩不論歲」，打了表叔可是犯上哪！娘親接獲姑婆通報，急忙喚回二哥，嚴詞責備，令他在祖先牌位前罰跪，不意二哥自覺委屈，竟出言頂撞。在旁的大姊見狀，厲聲加以喝斥，並拿出指南宮籐條加以責打，二哥眼看辯解無效還要挨打，乃奪門而出，往後水頭方向堤岸小路跑去，大姊見他居然敢不服管教，也掄起籐條緊追在後。二哥情急之下，由堤岸跳入池塘，游向對岸。不料大姊緊追不放，隨著大步涉水企圖追上，一直走到池水深處，在池中載浮載沈，險象環生，眼看就要溺水。這時二哥聽見我的驚呼聲，急忙往回游，將大姊救回岸上，原以為可以將功折罪，沒有想到大姊認為一碼歸一碼，雖然一身衣褲濕漉漉、非常狼狽，依舊鞭起鞭落，咻咻地責罰二哥，二哥雖感不平而無奈，卻也坦然受罰。我知道大姊雖個頭瘦小，但二哥真心敬長，也明義理，大丈夫能屈能伸，隨後就去姑婆家道歉賠罪了。

帥氣的二哥

豪邁外放，仗義率真

二哥肖虎，我屬小龍，所幸他不是老大，否則我們兄弟倆就變成「虎頭蛇尾」了！我倆雖是同胞兄弟，但二哥和我個性南轅北轍。我們生長在人丁繁茂的大家庭，小時候的我，有點內向羞澀、謹小慎微，對於父母、長輩的要求，都非常恭敬順從，從來不敢公然反抗，也就是所謂的「乖乖牌」啦！二哥則不然，他個性外向坦率、剛毅自負、好交朋友，對於不平之事，也敢於據理力爭，即使面對威嚴的父親，他也無所畏懼，說他認為該說的話，做他認為該做的事，因此，打兒時起，他就一直是父親最不放心的「憤青」或「叛逆青少年」，卻是我心目中崇拜的英雄人物。

記得一九八〇年代已開放國外觀光，我妻素真擬攜女赴星探親，先至梧棲欲向父親請示報備，二哥得悉後立即回應：「免報備啦！要出國就買好機票直接飛啦，如果先報備又不准，難道就不去了？何必給自己找麻煩？」原因是父親生性儉樸節約，除非是有生意往來等正事，否則不輕易出國，更不用說是去玩或觀光了，尤其是父親認為「行船走馬三分險」，沒事跑那麼遠，總是有風險。二哥瞭解父親的個性，故曾未經請示即到泰國觀光旅遊，俟返台再報備，是以早有經驗。這是二哥果敢直率的一面，看似有些叛逆，其實一則是怕父親擔心，二則更是自我負責，避開頂撞與衝突。

二哥對親朋好友慷慨是眾所周知的。小時候，他從不屑跟年紀較小的弟妹或同伴搶零食或玩具。長大後，他更樂於跟別人分享，照顧幼小。讀書時，他熱心助人，結交很多好友，還帶同學回家寄宿呢。我記得金寧國中第一屆的學長（包括前縣長李炷烽學長、詩人許水富學長、名作家牧羊女楊筑君學姊……），因為校舍還沒蓋好，一年級時是在沙中寄讀，必須由金西長途跋涉，騎單車或搭公車，到金東來唸書，二哥徵得父親和添成叔公同意後，熱情邀請沒有親朋好友家在金東可供借住的同學，都住到駐軍剛搬走的黃卓彬洋樓（番仔樓），免去樸樸風塵、早出晚歸之苦。

一九七五年，二哥自金遷台，我婚後常偕妻小到台中港探望父親和二哥二嫂，孩子們都知道到梧棲又有大餐可吃了，因為慷慨的二伯一定會帶大家去當時港區名聞遐邇的「新天地」餐廳梧棲本店，或「中南海」餐廳吃海鮮，大快朵頤。有時候二哥也會順道去漁港採買活跳跳的大龍蝦、大紅蟳等新鮮海產，回家自行烹調，有一回中午時分父親進屋，只見一群孩子歡樂地啃著滿桌肥碩的螃腳，隨口提醒了句「不要太浪費錢。」二哥馬上解釋：「囝仔落來台中港，就是要吃海鮮，買回來煮比去店裡吃，卡省啦！」二哥就是如此大方率真，時隔二十幾年，還是讓孩子們念念不忘啊。

運動高手，善飲慷慨

二哥也是個運動健將，天生具有運動細胞，從小學、國中到高職，都是學校的體育代表隊。他會打籃球，也是中距離賽跑好手，國中時參加金門縣運會還拿過獎牌，跟黃麗芬學姊（縣運會女子田徑賽五面金牌得主）、張雲羽、楊成家學長等人一樣，都是沙中第一屆的風雲人物。二哥從小善於騎馬，高職時學會賽馬，他的馬術天賦源自咱三舅的真傳（我三舅張水成先生馬術高超，曾榮獲多次全金門縣運會比賽馬術冠軍），馬上英姿可神氣的呢。

二哥還有一項特殊專長：酒量奇佳。國中時，他曾在一次餐會上，巧遇黃卓彬洋樓駐軍的「水鬼仔隊」（海龍蛙兵）隊長，起初大家只是禮貌性的淺酌互敬，後來因「賣魚尾」鄉俗，在同桌蛙兵和鄉親起鬨力拱之下，雙方以海碗拚酒，蛙兵隊長素以喝酒海量聞名，壓根兒沒把二哥這位國中生放在眼裡。不料歷經一陣鏖戰廝殺，喝下至少三瓶黃標高粱，最後，二哥雖然不勝酒力醉倒，但蛙兵隊長也沒有討到多少便宜，據說回到寢室倒頭就睡，第二天都不能起床主持早點名呢！二哥善飲的名號，自此揚名立萬，但因父親家規嚴格，其實並無多大發揮空間，直到他遷居台中港，在港區經營貨運公司，以及承包臺中港火力發電廠燃煤輸運，因為工作需要才有應酬喝酒。但他豪爽善飲的自信，卻也埋下爾後傷害身體健康的潛在威脅。

天不假年，人生憾恨

二哥一生豪氣率真，年輕時在家鄉騎馬、游泳、打籃球、拚高粱酒，意氣風發；婚後遷台，在梧棲經營港區貨運公司時，他總是自己開著大貨車風馳電掣，運輸貨物、搬運箱籠，也是拚命三郎一般戮力工作，戰鬥力十足。有幾次我就在梧棲家門口見到二哥，高坐在大貨車駕駛座上，狼吞虎嚥地吃著超大的鐵盒便當，那是二嫂為他準備的中飯，因為一貨車滿滿的煤，剛從貨輪卸船裝載，準備運往臺中港火力發電廠，公路上奔波，實在無暇下車用餐，就在中棲路家門口靠邊草草裹腹，旋即又直奔港區去了。由於二哥用心經營運輸公司，又懂得投資理財，增購房地產，確實是賺了錢；同時他也熱心公益、參與地方事務，出任民防義消隊長，頗受敬重，於公於私一切似都蒸蒸日上。

無奈造化弄人，好景不常，二哥在操勞之下，身體出狀況，一九八八年開始洗腎（血液透析），其間也做過腎臟移植，在台中榮總換腎，但卻又因排斥而再度洗腎，以致身體日漸衰弱。就在一九九三年六月，大姊彩華於高雄不幸病故，手足情深，二哥悲痛逾恆，他咬牙硬撐著孱弱的病體，堅持南下高雄親送大姊最後一程，在告別式上，二哥倚牆而立，滿臉風霜、涕泗縱橫，呼喊著：「俺姊啊！俺姊！」聞者莫不鼻酸拭淚。洗腎五年至一九九三年十二月，二哥因頭疼、脖頸僵硬而就醫，意識時而清醒時而錯亂，原來是腦幹中樞動脈瘤作祟，因動脈瘤位置凶險，無法動刀，群醫束手，入院三日，在倉皇遽爾間，二哥才四十三歲竟然就撒手人寰，壯志未酬！嗚呼！奈何。

俠客二哥，典範永懷

我想二哥應該是不想這麼早告別人世的，因為他深愛妻小，曾對他還在唸書的女兒阿慧說：「將來你要結婚時，如果可以，爸爸一定要風風光光地把你嫁出去！」二哥必定想要親自為女兒蓋頭紗，牽著女兒步上紅氈，見證寶貝女兒找到幸福歸宿的。同樣的，二哥也一直關心著我這胞弟：我訂婚、他陪同到台北來提親；我結婚、因為生肖屬虎，擇日館告知不宜參加婚禮，但他在台中擺桌宴請親友，讓大家分享喜悅；我攜眷到梧棲、他張羅著海鮮大餐；一九八九年十一月，我搬家內湖，二哥知悉後，還特別利用洗腎空檔北上到家裡來看看，問我還缺什麼？一九九二年十二月小兒多多出生，二哥也為我年近四十才添丁而高興，翌年小多周歲生日那天，二哥正巧身體不適要去住院，他還特地打了電話給我妻素真，說他給小多打了一條金鍊子，當作「周晬」生日禮物，莫忘來拿啊。

嗚呼，二哥愛我若此，我思之憮然，不知何以為報？如何再續兄弟情緣？還記得一九九三至一九九四年間，我任職海岸巡防第三指揮部指揮官，責任地境由苗栗竹南的青天泉，一直綿亙到大肚溪南岸，有部隊駐紮在台中港，每逢假日便到中棲路（現已改為臺灣大道）探望父親與二哥，一起泡泡茶、聊聊往事，遇到洗腎日，便協助二嫂把二哥從四樓住家揹下來，送他上車到沙鹿光田醫院作血液透析。因為二哥深知港區環境複雜，總擔心個性不轉彎的我，執行海防任務時會有安全顧慮，不時關心的問我，何時可以移防啊？……這大約是我兄弟倆自從童年斗門溪一起泡水之後，最親密的一段時光了吧？

光陰荏苒，二哥大去已二十餘載，我也兩鬢飛霜，廉頗老矣！如今二哥和我的孩子都已各自長大，成家立業，各有所成，差堪告慰。只是歲月流轉，悠悠渺渺，但我心中一直刻印著二哥的敬長護幼，二哥的果敢直率，二哥的任俠仗義，俠客二哥，您的典範，我們永遠記得！

大表姊翠金

我的大表姊莊翠金（一九三九－二〇〇五），是金門在地的惠安人，一個愛家護家、卓然堅毅的奇女子，罕見的在亡夫墓碑上鐫刻未亡人姓名，以表明心跡的「鐵錚錚女漢子」。

大表姊是個平凡的鄉下婦人，親朋好友和鄰里相識者都暱呼她「查某仔」而不名。大表姊沒唸過書，也不懂什麼大道理；但在她身上，忠孝節義俱全，對父母至孝、友愛手足、貞潔剛毅，道德仁義謹守不渝。在我心目中，翠金表姊是有情有義的奇女子，我對她的敬意，遠勝一大堆口是心非、無德無能的達官顯要。

翠金大表姊是我三姑媽的長女。三姑丈莊轉生原是福建惠安的木匠，早年（一九三〇年代）跟隨其叔父渡海來金門，承做黃卓彬洋樓新建工程的木作，因為技藝精湛，為人又樸實勤快，被祖父卓奢公相中，成了我們黃家的乘龍快婿。姑丈與姑媽成親後，育有兩男五女，大表姊民國二十八年（一九三九）出生，比我大姊彩華年長五歲，更較我大出一輪多，我剛上小學時，她已是二十歲亭亭玉立的大小姐了。因為姑媽婚後一直住在我們家周邊，姑姑家的孩子從小跟我們一塊兒長大，情感上很親、很近，表姊對於我們這群表弟表妹更是愛護備至，從來沒有疾言厲色、講過重話。她很風趣，還幫我取了一個跟名字諧音相近的暱稱：「阿兵（炳）哥」，她恐怕沒料到這個愣頭愣腦的小表弟後來還真的從軍去了呢！

由於表姊跟彩華大姊年齡較近，無話不談，比自己的親姊妹還更親密、更體己。可惜，民國六十三年彩華大姊隨姊夫遷臺後，表姊在生活上的苦楚，少了個可以傾訴的對象，只能偶爾電話聯繫，許多的艱苦辛酸都只得一人獨吞；嗣後民國七十五年後，彩華大姊為病所苦，表姊三不五時就會在電話裡鼓勵安慰她。民國八十二年六月，大姊在高雄病逝，表姊因一家老小需要照顧，無法赴臺參加大姊告別式，一直深感遺憾，姊妹情深，未能親自送終，後來表姊就曾多次向我提過此一憾恨。

表姊生長在一個戰亂、貧困的年代。民國二十到五十年代，金門島鄉先是被日寇侵佔，繼之接連發生古寧頭戰役、九三砲戰、八二三砲戰與六一七砲戰，戰爭的陰影如影隨形，生命飽受威脅；加以土地澆薄、農作無收，生活的窮苦幾乎是普遍現象。姑丈是有一技之長的木匠，收入稍微穩定，但也頗為清苦，姑姑仍須墾荒耕種以貼補家用。在當年重男輕女的傳統社會，女孩是油麻菜仔命，身為長女的表姊，雖然沒有被出養為童養媳，但也沒有受到特別的寵愛，反而因為年紀稍長，為彌補農務人力短缺，而必須放棄就學機會，在家協助家務與農事。

我們后浦頭汶浦聚落的女性夙以勤勞儉樸著稱，地方流傳的鄉諺：「浦頭水鹹（近海，井水鹽化），浦頭路黏（紅土路，雨後黏腳，濕滑難行），浦頭查某囝仔無人嫌（漂亮，能幹，又賢淑）！」，表姊就具有典型后浦頭女性勤奮質樸的性格，和「惠安女」的堅毅個性。她，爽朗勤快、任勞任怨，在我們后浦頭聚落與鄰近的村莊是有名的「好女德」。在我深刻的印象裡，表姊從少女到她中風癱瘓前，其裝扮永遠是一頂斗笠、一襲碎花的長袖農忙衣裳，打著赤腳，長褲管捲起一高一低，黧黑的臉龐掛著汗珠，臉部的表情，沒有歷經貧困的愁苦，也沒有怨天尤人的不平，反而永遠是一派樂天知命的神情。

我從來沒有看過表姊化妝，也沒有看她穿過裙子，甚至很少看她穿新衣或比較時髦的衣裳。但她做起農事的速度和成果，比一般的男生更要強許多，收割高粱、小麥，拔土豆（花生）、挖蕃薯（地瓜），甚至趕牛犁田、挑肥駝糞，都是快手快腳、十分俐落。我們家的田地較多，早年人手不足，忙不過來，都要三姑和表姊過來支援，娘親和四叔最喜歡表姊來幫忙，一人可抵兩三人用，又不發牢騷、不講閒話，一開工埋頭默默工作、專心一意，天黑收工還會幫忙牽牛、扛農具。「查某仔尚骨力！」，是大家共同的評價和讚譽。

表姊除了嫻熟家事與耕作，還曾經營過豆腐廠。記憶裡，那間小小的豆腐廠，位於「慶餘居」老雙落的右後方，有一間用牛拖拉的磨坊，磨坊旁邊是空心磚搭建的豆腐間，豆腐間裡有煮豆漿的大鍋灶，一個直徑個把公尺有餘調製豆花的大木桶，還有壓製豆腐、豆乾的木框與鎮石。我經常利用放學後的時間，幫忙到磨坊趕牛、倒黃豆到石磨裡，或劈柴添火，並聽表姊說些她童年回到惠安探親的故事。

表姊是慷慨的，每當第一鍋豆漿煮開、倒入大木桶凝結成豆花時，通常豆腐間外的兩張長條板凳，早已坐滿一排嗷嗷待哺的弟弟妹妹（表弟、表妹，還有鄰居的小朋友），表姊會滿臉笑容、由小到大給每個小孩都舀上一碗熱騰騰的豆花，再拌上一大匙砂糖，讓我們開心的大快朵頤。回想當年坐在豆腐間的長條板凳上，在氤氳上升的輕煙裡，聞著新煮豆漿的香氣，捧著冒煙、甜滋滋的豆花，埋頭苦幹，在那物資缺乏的年代，能嘗到這種美味，那種幸福的感覺，真是令人難忘啊！

表姊做好的豆腐，都是大清早四點多用推車送到沙美菜市場去擺攤，大部分賣給金東地區的駐軍，少數賣給地方鄉親。表姊是個樸素的村姑，不是現在所說的什麼「豆腐正妹」或「豆腐西施」，而且表姊又不擅長言詞，但因為做生意實在，豆腐品質很好，通常天亮後就都賣光了。她每天送豆腐車到沙美菜市場，無論是走汶鳳殿小廟，或是村子的祖厝旁，都必須經過一條長長的大斜坡，豆腐車推起來非常吃力。因此，假日或寒暑假，我都會自動請纓，起個大早，幫她把豆腐推到市場。收攤後，她總會到萬忠伯那兒買一碗花生湯和一套燒餅油條犒賞我，表姊捨不得自己也買一份，就站在店外耐心看著我吃完，再一起推著僅剩豆腐木框的車子，循原路回后浦頭。回到家，我可以名正言順的睡個回籠覺，表姊則還要幫著姑姑忙很多家事呢！

三姑媽的幾個小孩，除大表姊外，二表姊年紀比我大姊稍長，年幼時送給五姑當童養媳，五姑隨姑丈落番到新加坡後，被送回原生家庭；三表姊以下都較大表姊小上十歲，小表妹阿戀甚至跟她差了將近二十歲，因此，姑姑家上上下下所有事情，幾乎全都是大表姊在張羅。她非常照顧弟弟、妹妹，尤其對么弟和么妹的關照，更是有求必應、無微不至，假如說「長姊如母」，其實猶有過之。她對家庭的犧牲奉獻，即使對婚姻之路稍有耽誤，也毫無怨尤。

其實，表姊並不乏追求者，據我所知：她曾經錯失一段短暫而失敗的感情。那是村莊附近駐軍的一位士官，他喜歡表姊的爽朗樸實、勤快孝順，展開熱烈追求，表姊也欣賞這位士官的耿直敦厚，可惜姑姑認為對方是北方人（在金門稱他們為「北仔」）脾氣不好，恐怕婚後表姊會吃虧，表達反對意見，這位士官為此反應頗為激烈，部隊長官深怕引起民事糾紛，就急忙把他調回臺灣，於是這段還沒真正開始的感情就戛然而止，告吹了。表姊對此並無激烈反應，從此也絕口不提，但我相信她心底應該是有遺憾的。

隔了滿長一段時間後，有位金東師四川籍的士官長對表姊表示了好感，刻意藉機親近，常利用休假時間到豆腐廠或田裡幫忙，表姊有感於他的殷勤與善體人意，逐漸接受這份感情，終於在民國五十八年結婚。婚後不久，表姊夫隨部隊輪調遷回臺灣本島，表姊本著嫁雞隨雞、嫁狗隨狗的傳統觀念，不久也跟著遷臺，在部隊營區附近租屋居住，過起簡樸的軍眷生活。當時，我和三哥、四哥都在高雄唸高中，某日相約搭火車到潮州光春里去探望她，看到表姊租屋處雖是鄉下村舍，屋裡是竹床、竹桌、竹椅，和塑膠衣櫥，屋外角落有個煤油爐、炒菜鍋，權充廚房……，陳設十分簡單，但在表姊勤快的打理下，倒也有一份家的溫馨感覺。那天表姊夫本來輪值留守，特別情商同事代班，回家熱情接待我們。在表姊愉悅的笑容裡，新婚燕爾，幸福洋溢，我覺得那應該是她一生中最快樂的一段時光了。軍校畢業後，我有數次演習、行軍和督訪，路過或駐紮潮州，刻意到那個營區附近懷舊，部隊魚鱗片的平房已經改建，營區外已不復當年農村景象，大表姊住過的房屋幾乎無跡可尋，目睹舊時環境的重大變遷，想著一生命運坎坷的表姊，不禁有一種往事不堪回首的傷感。

表姊的幸福日子並未維持太久，娘家相關負面訊息不斷傳來：姑丈中風半身不遂，無法再工作了，大表哥從軍，進入情報局幹訓班受訓了，家中生計頓時陷入困境，何以為繼？顧家的表姊自認無法置身事外，必須負起家之長女的責任，毅然決然打包搬回金門，幫忙姑媽耕作那幾畝貧瘠的旱田，重新過起日出而作、日入而息的農婦生活。那時日生活困苦，單靠表姊夫那份軍餉，家中食指浩繁，經常入不敷出，必須仰賴表姊更加努力養雞、種菜，以貼補家用。就這樣竭力迴護娘家、把自己弄得蓬頭垢面，表姊夫是有意見的，卻也難以改變表姊的決定，夫妻倆因而時起勃谿。

民國七十年，表姊夫因胃癌病逝臺北三軍總醫院，表姊隻身來臺處理他的後事，告別式就在三總汀洲院區的簡單靈堂裡辦理，只見她緊抿雙唇、任眼淚由臉頰直直淌下，一如她堅毅的個性，沒有嚎啕大哭，也沒有哀毀逾恆的過激動作。我們夫妻倆全程參與儀式，我還陪同表姊跟著靈車南下，將表姊夫的靈柩安葬在臺中大甲鐵砧山的軍人公墓。事後我聽說：造墳砌碑時，表姊堅持要將自己的名字鐫刻在表姊夫的墓碑上，有人勸阻她：「妳還年輕，來日方長，更何況依照民俗，從來沒有未亡人在墓碑掛名的先例。」但她不為所動，我想這不是表姊特立獨行，而是剛烈堅毅的向表姊夫表明心跡，宣誓決心，將要堅強獨力撫養三個年幼失怙的女兒長大成人吧。

表姊夫過世之後十幾年，我跟隨部隊四處調動，返回金門的機會不多，和表姊只有在返鄉時才能偶爾碰面，她依然是那副農婦裝扮，站在雙落老屋的臺階前、倚著鋤頭柄，輕鬆自在的和我閒聊，沒有絲毫的哀怨，雖然我知道她上要獨自奉養年邁的老母親，下有三個在學的女兒，光靠遺眷的半俸，以及種田養豬的收入，其實過得滿辛苦的。我勸她去補脫落的兩顆門牙，她不改一慣的瀟灑風趣，回以：「老囉！剩下的已經夠用。」實則恐怕是她捨不得在自己身上花錢吧。

民國八十四年六月戰院畢業當天，我送病危的父親返鄉，表姊扶著老邁的三姑站在汶浦水岸的老雙落埕口迎接，頻頻拭淚，呼喚著：「大舅！大舅！」因為父親在所有外甥、外甥女中，最疼惜這個孝順、堅毅而苦命的外甥女。父親在家族中是威嚴的，但對大表姊一向和顏悅色，從未說過重話，對她的意見也都充分尊重，還曾與二叔聯手協助她買下榮光新村的宅寓，達成姑丈、姑姑與表姊在島鄉生根的夙願，有個棲身之所。

我在官校學生部隊指揮官任內，表姊生病住進了金門花崗石醫院，因為醫療條件不足，未能及時處理，表姊由頭痛急診自己步入醫院，隔日竟變成全身癱瘓，甚至無法言語，這是離島鄉親的痛苦宿命，至今仍然難以澈底解決。嗣後，表姊後送臺灣，輾轉在三軍總醫院、振興醫院治療，仍無起色，不得已接回金門家中自行照護，歷經近十年漫長的歲月，幸虧三個女兒合作無間，即使犧牲婚姻、延誤了青春，也要給媽媽周全的照顧。我想：表姊在墓碑上宣示的堅貞與慈愛，女兒們報之以不離不棄，這應該是她一生勞苦、晚年為病痛折磨的最大安慰吧！

我晉升中將那年（二〇〇五）的秋天，表姊病逝家中，享年六十六。雙十節出殯前夕，大哥囑咐我寫一篇給表姊的祭文。深夜孤燈相伴，我邊寫邊回想以前表姊種種的好，幾度難過得無法落筆。家祭時，大哥率著我們奕字輩的表兄弟姊妹，在靈前跪成長長的幾排人龍，由大哥以閩南母語誦讀那篇淺顯白話、寫著兒時回憶、表姊弟相處情景的祭文，瞭解表姊生平的鄰里親友，聽後莫不為之掩面而泣。不是祭文感人，而是逝者的境遇讓人憐惜啊！

試想表姊的一生：在父母老邁乏人照料時，眾家兄弟姊妹四散避責，唯有她，義無反顧返鄉承歡膝下、奉養雙親；當胞妹不幸過世時，即使本身子女眾多、食指浩繁，唯有她，毅然決然挑起照顧其遺孤的責任；當么弟經濟負荷沈重時，縱然本身家計也困窘，依然毫不猶豫將其幼子接回家鄉教養，以減輕其壓力。中年喪夫，先生病逝後，她含辛茹苦獨自教養三個幼女長大。嗣後，不堪長年累月的艱辛勞苦，她終究生病中風癱倒，幾個女兒圍攏過來，有的犧牲婚姻，有的放棄學業，無怨無悔反哺照顧十年，終至撒手人寰。大表姊逝世出殯，親朋不捨，鄰里群聚淚眼相送，大家為她的命運多舛而喟然長嘆，更敬佩她的獨立堅強、有情有義。

歲月悠悠，表姊逝世已經十餘年了。在退伍的日子裡，撰寫家族故事，再看看當前世局擾攘、人情澆薄，像表姊那樣重孝道、重情義的奇女子，恐怕是越來越少了！

小萱回家了！

小萱（黃懿萱，一九八一－二〇一五），我們回家了！回家去吧！歸鄉路迢迢，今日立春，二月初臺北內湖的天氣，陰霾而溼冷。在霏霏細雨中，我們為妳送行，此去即是永別，正如二十年前阿公一樣，妳必須歷經一趟艱辛而漫長的歸途，才能回到摯愛的家鄉，這是身為僑鄉金門人的無奈，小萱，妳要忍耐啊。

臨行前，最疼妳的大舅，特別忍著悲痛，進入救護車，叮囑妳要堅強、要忍耐，告訴妳：妳最放心不下的小女兒玲玲、爸媽和公婆，以及最挺妳的大哥，已經早一步先回到金門，準備迎接妳回家；妳的夫婿新振，則緊擁著妳在病榻所用的枕頭，哽咽難言。電話通知：返金的專機，已在停機坪待命，因為機位有限，僅能由妳的夫婿一人陪同返鄉，我們只好在急診室門口，依依不捨和您道別。淚眼矇矓看著載妳的救護車亮起閃燈、響起警笛，疾馳而去，五嬸和金寶姊相擁而泣，美和姑姑、阿慧姊姊也忍不住頻頻拭淚，而有情有義的峰義局長，則在一旁安慰大家，並且提醒大家務必保重自己。此情此景，我才感覺到：在生命的長河裡，我們是如此的渺小、脆弱而無力。

民國七十年妳出生的那一年，我官校留守補休年假，過完年才和阿嬸帶著小慈回到金門。記得當天農曆正月初十，是我們汶水華房宗祠祭祖的日子，大腹便便的大嫂（妳的媽媽），原本忙進忙出的張羅拜拜的事情，卻突然消失了，詢問大哥，才知道是到山外衛生院生寶寶去了。大哥、大嫂育有兩男兩女，二哥、二嫂育有一女三男，妳是唯一我恰巧能恭逢其盛，與族人一起迎接誕生的姪兒（女）。妳的降臨，為我們黃家的年節，平添更濃郁的喜慶。

家鄉俗諺：「浦頭水鹹、浦頭路黏、浦頭女兒無人嫌。」我們後浦頭的女兒素以刻苦耐勞、勤儉持家著稱，故無論在室或出嫁，都能秉持家訓，獲得大家的肯定與讚許，妳應該是最典型的代表吧。生長在黃家人口眾多的大家庭裡，妳沒有么女的嬌縱，從小就勤快認真，尤其貼心、懂事。對父母、兄姊以及家族的長輩，都非常恭敬；凡事任勞任怨，默默做事，不爭功浮誇，也不談論是非八卦。在我的印象裡，妳都是笑臉迎人、遇到任何熟人，都是搶先親切問候，從來沒有見妳發過脾氣、講過重話。妳大學畢業後，考進立榮航空公司並分發返鄉服務，除了本身繁重的業務，還要抽空幫眾多的親朋好友訂票，平常日倒還好處理，過年過節在一票難求的狀況下，要訂一張票是多麼的困難，但妳總是儘可能的去奔波協調，訂不到也會很快的回覆並表示歉意。今年元月初，先祖司馬雄公故居落成奠安，龐大的南洋族親，紛紛組團返鄉參與祭典，他們返國、返金來往的機位、迎送的車輛和住宿的旅館，都是透過妳的協調安排，妳很有耐心逐件記錄、處理，每一項支出都清清楚楚，也贏得二叔公、奕民阿叔、東平叔與海燕姑姑等所有族親長輩的讚賞和信賴。

半個多月來，你持續感冒、喉嚨發炎，反覆發燒，上周六元月三十一日新振帶妳來臺北就醫，先在馬偕醫院驗血，查出白血球指數高達三十二萬多，那麼嚴重的疾病，妳居然可以一忍再忍，那要承受多大的痛苦啊！後來妳根據父親的要求，轉到三總急診，連孫光煥院長都被妳的超高白血球嚇到，他拜託三總的醫療團隊，一定要全力搶救，先以血漿置換術提升血小板指數、降低白血球；監測小腦出血，發現出血面積擴大，只有採取開顱大手術去除血塊，避免壓迫腦幹；又為肺葉發炎、血氧濃度不足而插管；最後更因感染、出血、腦幹受損、心肺衰竭，為了搶救急遽下降的血壓和血氧濃度，而動用了葉克膜、體外循環機！我們深切瞭解，妳為了親愛的家人，尤其是年幼的玲玲，正以最大的勇氣與努力，與死神搏鬥，在多重的病痛摧殘下，妳已經盡力了，三總的龐大醫護團隊也已竭盡所能，我們前後奮戰五日，到今天立春日，美好的仗，我們已經打完了，一切只有交給天上諸神佛吧！但不能協助妳渡過人生最大的難關，恐將是阿叔最深的遺憾。

妳病倒，所有的家人、親友，都紛紛聚攏，或殷切關心，或從各方趕到三總，獻煜為了通報妳的病情，設了一個「懿萱集氣加油團」的LINE群組，成立後不到兩個小時，就有六十幾個人加入，可見妳的好人緣以及眾親友的關切。開顱手術動員了空前龐大的醫療團隊，至親家人更徹夜守候不眠，術後，為了害怕妳被感染，在三總的家人都遵照醫囑留在加護中心等候區，靜謐守護，並勸阻其他的親戚朋友到醫院來，而自律的只讓獻煜與新振進去探望、替妳加油。但我們所有家人及妳婆家的親友，都在臺灣、金門、南洋、甚至美國，關心妳病情的起伏，並為妳的康復而祈禱，甚至年邁的嬸婆還遠赴金城求神問籤，祈盼妳健康歸來。此外，三總的孫院長除了默默提供協助，並兩度親至加護中心探望；我們的遠親、國內最權威的感染科醫學專家張峰義博士，也曾暫時放下手邊的教學工作，來瞭解妳的術後感染情形並給予專業的指導。而妳父親最傑出的學生之一楊金寶博士，更在百忙之中趕來看妳，焦急而不捨。這些好朋友雪中送炭的情義與關懷，讓我們感動、感恩！

今日近午，我們正安排送妳返鄉事宜時，突然傳來復興航空飛往金門的飛機墜落基隆河的不幸消息，不久一陣騷動，陸續有傷患送到三總來，但據說大多數乘客已經罹難或失蹤、生死未卜。人生幻化無常，我們可以有生涯規劃，卻難以按照自己的生命劇本發展。復興航空的乘客才起飛三分鐘，正慶幸不久要到金門了，不意，卻突發如此重大的劫難，令人不捨、難以接受。同樣的，我們也很難相信與接受黃家的「親善大使」，亮麗、陽光、善良又貼心的小萱，像一株美麗的花朵，竟然驟然枯萎，就此離開我們遠揚他去，我真的希望這只是一場夢，而不是真的。

等待是最深沉的折磨，卻也是最堅毅的執著。妳住院時，我們緊緊守護，耐心等待妳的康復歸來。此刻，我們就在救護車旁目送妳歸鄉，也在等待並祈禱，讓妳一路平安回到念念不忘的故鄉。永別了！我們鍾愛的小萱！家在海峽的彼岸等妳，雖然已經入夜，但家人會燃燭點燈，在機場、在家園耐心等候，無論夜有多深、風雨有多大！

小萱，妳是我們最最疼愛的寶貝，妳和小慈、寧寧年齡相仿，與我的女兒無異，我看著妳出生，看著妳長大，歡喜你出嫁，高興你當了媽媽，每一個重要時刻我都參與見證，和妳一起分享，深感快慰。鍾愛孩子的妳，看到小慈的T寶遊戲墊很實用，五嬸特別為妳空運一張回金門，妳十分歡喜，那是一年前的事了。去年十一月十五日，五嬸又去美國幫小慈坐月子，妳還深夜透過網路聯繫，洽詢要幫玲玲訂作小棉襖旗袍，好給小玲玲過年穿。現在年關近了，妳卻要遽然離去，小玲玲的新衣誰為她穿啊？天啊，儘管淚打轉、心好痛、大聲呼喊，依然喚不回妳，妳將遠去，永不再回！深深遺憾，我們竟是如此緣份淺薄，教人無奈。我們會堅強的為妳而保重，我們會永遠感念妳種種的好，善良、認真、體貼、美麗，妳的小玲玲我們會一起愛護疼惜，妳的父母翁姑我們會一併照顧，妳就安心隨佛陀去吧！永別了，小萱，回家了！

輯二　鄉心鄉情

金門故里，海上仙洲；
鄉情鄉心，常縈我懷。

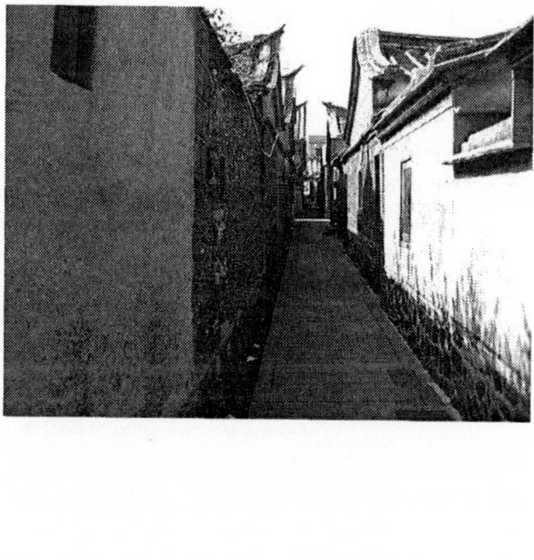

汶源宮風獅爺傳奇

風獅爺有防風、鎮煞、避邪、祈福等多重意義，幾乎金門各村落都有風獅爺鎮守。因為在國軍綠化植林以前，金門樹木甚少，童山濯濯，每到冬季東北風吹襲，沙塵滾滾，尤以位處島鄉東北角的金沙地區為烈，鄉親輒以為苦，是以常在村落路口或東北方樹立風獅爺，以鎮風驅邪。

我返鄉新建的思源第位在金沙榮湖畔，左鄰有我們后浦頭聚落的汶鳳殿，汶鳳殿隔水對岸即是后水頭的汶源宮，后浦頭、后水頭同為黃氏宗親，系出同源的兄弟聚落，汶鳳殿、汶源宮都奉祀田都元帥，可謂人神共一家，兩村和睦相親。就在汶源宮前，后水頭村落樹立有一尊風獅爺，護衛著兩村落黃氏子孫，但多年來，這「神的世界」卻有一段傳奇故事，一直流傳著……

后水頭汶源宮廟前那座高大的風獅爺，是尊石頭雕塑的立姿風獅爺，藍色獅身外罩紅色披風，隆準圓睛，獅口獠牙，鬃毛鬈鬈，威風凜凜，神像威儀。但最

汶源宮與風獅爺

奇特的是，獅身朝向東北方、獅頭則轉了四十五度，朝向正北方，而風獅爺的專屬拜石仍設於東北方。此風獅爺造型迥異於一般，常引人諸多聯想，這風獅爺怎麼了？

根據村裡耆老述說：明朝末年，我們汶浦村落（現稱后浦頭）為祈境內子民平安，故而在村落虎穴上構建奉祀田都元帥的汶鳳殿。廟宇落成後，每當入夜，廟前兩側子午窗所發出的光芒直射后水頭聚落，有如利刃，引發后水頭村民不安，於是他們便在汶源宮右前方樹立一尊風獅爺，以止其煞。不意汶源宮旁這尊風獅爺面向東北方，正對著對岸的汶鳳殿，這針對性太強，導致我們汶鳳殿的主祀神明田都元帥心有不快，透過扶乩傳話，須予反制，在廟前池塘埋設虎鞭乙條，稍作壓制。據說，虎鞭埋下當晚，風聲狂飆、咻咻不止，翌日一早，天晴風止，眾人發現風獅爺的頭竟偏向一側，不再正對汶鳳殿，風獅爺是被虎鞭抽中轉頭？還是風獅爺不堪強風吹襲而略避歪頭？沒人知道，大概只有田都元帥明白吧。

另有一種傳說是：后浦頭汶鳳殿建成後，影響后水頭村落居民心理，於是樹立一尊風獅爺以止煞，唯因汶源宮與汶鳳殿都祭祀田都元帥，系出同源，為不傷雙方情誼，石獅竟自動轉向，把頭轉了四十五度，以免與汶鳳殿正沖，所以導致現在風獅爺頭身方向不同的獨特造型。這是風獅爺「身段柔軟」能屈能伸、自我調整，來化解可能的紛爭嗎？下回可以當面問問風獅爺。

我個人以為，上述故事當鄉野傳奇則可，唯當不得真。因為汶浦后浦頭與汶水后水頭同根同源，雖有華房、相房之分，但同為金沙公裔孫，后浦頭宗親更是由后水頭衍派搬遷過來，彼此為兄弟手足之親。每年冬至祭祖，依照歷代傳統，汶浦均禮讓汶水先祭，而且每次都要派專人傾聽鄰村動靜，必待后水頭大祖厝「大鼓吹」響起，我們這邊祖厝才會展開祭祖儀典，目的就在尊重后水頭是根源啊。是以，睿智的祖先們絕對不可能為了風水鎮煞之爭而傷害兄弟村間的感情。

依個人研判，榮湖未整治前是多方池塘和澇埕，可連金沙溪直通海港，而汶源宮風獅爺正座落金沙溪畔、舊澇埕口（即今日之榮湖畔），風獅爺頭朝北方的金沙港方向，有鎮海的作用；身軀朝向東北方，則可遮擋風煞，以鎮東北季風，具備鎮風功能，又可避免與汶鳳殿對沖，真是一兼兩顧，是非常有智慧的設計啊！當然假如當年先人雕塑風獅爺時，另有不流俗套的藝術考量，那就更妙不可言了！這些都是「神的境界」才能領會的玄妙之處了。

「思源第」家族故事館

每一棟房屋都有屬於自己的故事。每一棟建築，無論大小、堂皇富麗或窳陋簡約，在起造時，都帶著起造者內心的期盼與願望，或順利，或跌跌撞撞、歷經波折。完成後，經過歲月的淘洗，看盡人世間的悲歡離合、興衰起落，屋宇靜默無言，卻冷眼旁觀一個家庭甚至整個家族的發展與人事滄桑。我退伍後承奉尊長的指示在家鄉蓋了一棟房子，名字叫做「思源第」，希望能陳展家族的歷史文物、述說家族的故事，所以又稱之為「家族故事館」。

我們的故事館座落在金門新十景的汶浦水岸畔，緊鄰歷史建築「黃卓彬古洋樓」，近攬榮湖與斗門溪田園勝景，遠眺太武聖山，景觀秀麗，名建築師許育鳴先生登臨「思源第」，環顧四週景緻，不禁讚嘆其優美媲美歐美景觀。

這棟平凡建築的起造動念、規劃與建築過程背後，其實承載著一位九旬落番華僑的懷親思鄉、不忘本源之情，其中有著諸多曲折的故事值得敘述，希望後輩記取先人營建這一個家族故事館的深意，並傳之永久。

我們的家鄉——金門，位居閩南九龍江口，是一個貧瘠的海島。正如明代島鄉理學大儒洪受先賢在《滄海紀遺》一書所言：「浯地隘而瘠薄，加以風沙飄壓之患，民之有常業者無幾，……」因土地貧瘠、戰亂頻仍，謀生不易，養成先民刻苦耐勞、冒險犯難的精神，積極向外發展，以解決家庭生計問題。清道光「鴉片戰爭」後，中國被迫開放五口通商，海禁頓開，加以東南亞殖民地開發急需人力，福建、廣東兩地遠赴南洋謀生者眾，我們家族的先人們隨此潮流落番南下發展，同樣絡繹於途，於星洲，印尼史叻班讓、望加麗、北干巴魯、峇眼、泗水、三寶壟和巴達維亞（今之雅加達），以及馬來西亞等地均可見其足跡。一九四九年國共內戰，國民政府退守臺澎金馬，男丁禁止出境，族親遂陸續轉往臺灣謀生，嗣後隨著全球化的腳步，更有遠赴歐美讀書或就業定居者。直到今天，族親散布於臺灣、金門、南洋、中國大陸及歐美各地，開枝散葉，旅外人數之眾，甚至數倍於家鄉。當今，交通便利、資訊發達，雖已進入全球化的時代，但仍有集聚不易、日漸疏離之慨，恐怕隨著時空推移，而有漸次零落星散的趨勢。

家父章掘公旅居印尼超過七十年，如今已高齡九十二，有鑒於家族成員四散，旅外族親因為就學、就業等原因日益疏離，遂有「為留子孫根源」發想，希望建築一棟家族故事館，做為家族親人回歸的磁極，藉以凝聚族人向心，也可以做為眾多海內外後輩尋根認祖源頭，砥礪冒險犯難、胸懷四海壯志，再造家族光輝史頁，這就是「思源第」起造的緣起。

章掘公有了這個構想後，便多次在我與內人素真到印尼省親或陪同返回金門時，要求一起研商建築的地點、土地獲得要如何解決等問題。個人當時仍未退伍，一則軍務倥傯，再則未能體會老人家之用意，加以蓋一棟房子瑣碎事情太多，恐不易處理，是以並未認真回應。但章掘公顯然心有定見，希望儘快完成此一工作，乃於二〇一〇年六、八、十月三度密集返回金門，帶著我到處現地勘察可用的建地，並參觀金門華僑張允中、楊忠禮等鄉賢回到故里所蓋的家族紀念館。且與家族大老添成公及家兄奕展等族人迭次磋商，最後終於獲得在黃卓彬洋樓附近興建的共識，並承蒙添成公惠贈擇定地址的部分建地。更為了處理基地東北角地形銜接問題，徵詢汶浦黃氏宗親會長老意見，向「汶浦黃氏基金會」提出申請，經董事會公決，為鼓勵僑親返鄉建立家業，並感謝章掘公數十年來對故里的慷慨解囊與關愛，同意讓售緊鄰「思源第」建地旁土墩邊畸零公地三百五十平方公尺，建地完整性於焉圓滿解決。

建地塵埃落定，但房子蓋在那裡，卻一直舉棋不定。風水、房屋格局等問題，大家爭議不休，甚至驚動遠在南洋的章掘公。嗣後妥協結果，決定將興建基地放在黃卓彬洋樓的後方。經陳報縣政府申請，「自然村審議委員會」審查意見，要求將建物的西側和後方各退讓六公尺，經此壓縮，房屋格局不變，建物坪數大幅縮減，侷促小屋將使得原始構想盡失。個人考量再三，大膽決定將基地調至與洋樓、黃榮生住宅併排，並致電印尼向老人家報備獲得首肯，建物基地大勢底定。

為了建築一棟具有特色的故事館，二〇一一年四月，經陳榮文先生推薦，委託名建築師許育鳴先生設計，八月正式簽約。章掘公要求設計之基本原則：「堅固耐用、樸實低調，保留紅磚及花崗石傳統閩南建築元素與風貌」、「建築高度與量體，必須考慮和洋樓及周邊環境保持和諧」，建築師遵此原則，規劃三個方案提供抉擇，經研究討論擇定興建五開間、一體完整立面，正面十六公尺，縱深十二公尺，融合閩式與洋樓特色之兩樓半建築。

整棟紀念館內外的設計與施作，是閩南厝與番仔樓的經典結合。建築外型取閩式與洋樓融合為一體，外觀素材，為反映屋主樸質典雅性格，選以清水素面磚，取代花俏之仿煙熏紋燕尾磚，牆腳及腰，為粗面石板，質樸簡約。表層灰泥粉刷亦在四種灰色層次中，挑選出符合古典歷史年齡的配比。

室內的呈現，一樓展出「落番」年代，金門、南洋兩地的歷史痕記，進門即見先祖父母鰜鰈情深的銅像，正面牆上張貼家族世系表、黃氏源流圖、族親落番路線圖。陳展文物，計有族譜，歷代鬮書、僑批，茶具、煙斗、圖章、算盤，以及族人結婚照、結婚證書等，其中最珍貴的是具有將近兩百年歷史的檀木書桌、錢櫃、鬮書和僑批彙整成冊的《長春書柬集》。

一樓黑色天花板搭襯熱情橘紅吊板，沉思中，略帶火熱南洋氣候。後半部設簡報（會議）室，擺設有南洋的蠟染畫（BATIK）和印尼各島嶼的木雕，可以集會或接待賓客。孝親房居一樓後方，目的為方便長者平移動線，室內擺設一組時近百年、肖楠材質的紅眠床、櫥櫃和梳妝台。

二樓為「當代」居家設計，有華洋合一的現代藝術與生活品味呈現，典雅素樸，低調的奢華。開放式的廚房與吧檯，客廳立面義大利雲彩崗石，更顯大器。而牆上懸掛大幅〈岳陽樓記〉楷書書法，是李豐池將軍的墨寶，透露出屋主「先天下之憂而憂，後天下之樂而樂」的胸懷與期待。

三樓採取金門「傳統」廳堂的設計，遵循古老營建禁忌，諸如「見白」、「咬劍」、「左右對稱堵」、「壽堂後」等。兩側置有現代化太師座椅，正廳檀木供桌上安有一尊名家雕塑、尚未開光的自在觀音銅雕，背後牆上則懸掛已故書法家宋河海的《心經》墨寶。東側房間為書房，藏有我四十餘年軍旅生涯的軍服、部分紀念品和回憶。西側是客房，室內放置一組百年客家型式、檜木材質的紅眠床、櫥櫃和梳妝台。從大廳推開傳統木門，站在舖設木板的露臺，汶浦水岸和太武山勝景盡收眼底，令人心曠神怡。

屋外庭園尚待整治，但在其中隱藏諸多故事密碼。其中有房屋落成時，由章、奕、獻三代人共同協力栽種的「公孫樹」，象徵代代相承的薪火相傳。園中種植樟樹和櫻花，隱含紀念艱苦奮鬥、扭轉家族命運的「章」字輩先人，以及對家族具有重大貢獻的先慈張英女士。此外，庭院內的蔗廊、石磨，均係祖先當年營生的重要工具，深具紀念價值。獻煜栽植的玫瑰花，足供祖父母銅像前四時清香不斷。

「思源第」的構建，曾禮聘陽宅風水大師郭金鳳先生專程到現場勘輿指導，

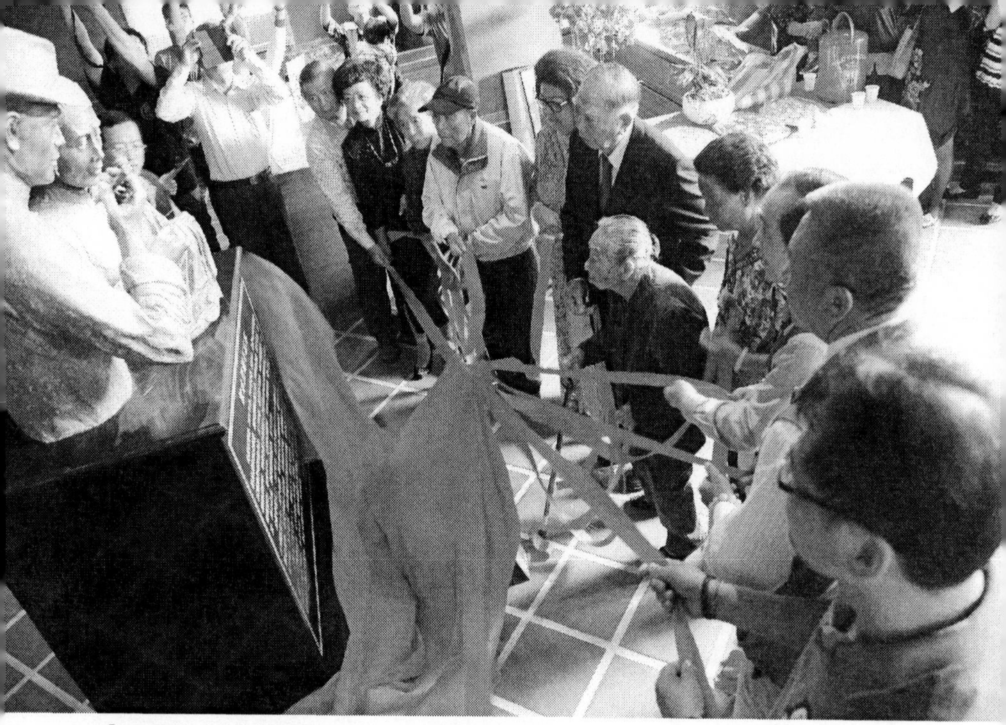

思源第（家族故事館）先祖父母塑像揭幕典禮

他認為基地所在是「福地福人居」的寶地。房屋是以最有利標發包，主體結構的土建工程，由「尚慶營造」得標，水電工程則由族人奕儒承包。內部裝潢工程，由周丞進先生的「睿育設計公司」承攬。整個工程於二〇一三年六月十二日正式開工，歷時兩年多，在二〇一五年七月中旬大致完工，並於當年十一月一日先祖母李看娘女士逝世三十七周年紀念日（忌日）正式落成啟用，家父章掘公的心願終於實現。

「思源第」家族故事館的興建，由章掘公發願指導以迄落成，歷時超過五年，此期間，雖有天災的干擾、施工技術的爭議與調整、各方不同意見的磨合，顛簸與頓挫難免，所幸仰賴「汶浦黃氏宗親會」及添成公的支持與愛護，章掘公指導明確、堅持儘早完工意志堅定，對我個人充分信任與支援，加以家人、族親大力協助，施工團隊努力不懈，終於大功告成，這棟建築閩洋融合的特色，現在已經成為汶浦水岸勝景新的亮點。正如許育鳴建築師所說：「在這世代建屋造樓，除了反映主人的見識、財力外，也是對子孫的期許。這故事館是有靈性的，期待後代能用心解讀。在此交會整合的作品中，蘊有古老的內涵，這或許就是老一輩所說的『厝成家成』！」個人期盼這棟家族故事館的故事，能傳諸永久，承傳家族世世代代奮鬥不懈的過往，這棟建築能成為族人認同、回歸的磁極。

附註：

二〇一二年七月六日（農曆五月十八日）辦理動土儀典。

二〇一三年一月十二日以最有利標方式辦理招標。

二〇一三年二月十三日（農曆元月初四）開標，由《尚慶營造》得標。水電部分直接指定奕儒承包。

二〇一三年三月二十一日、四月二十八日分別與尚慶、奕儒簽約。

二〇一三年六月十二日正式開工。

二〇一四年四月二十三日內部裝潢工程簽約，由周丞進先生的睿育設計公司承攬。

二〇一四年九月十三日主體工程大致完成，內裝進駐開工。

二〇一五年七月中旬裝潢工程大致完工，陸續進行細部缺失改善。

二〇一五年十一月一日正式落成啟用。

「慶餘居」的故事

「慶餘居」是我家族所有，計一百五十年歷史的閩式雙落老房子。把歷史空間留下來，留住情感，有情感的土地才是家園。「慶餘居」的故事，是記憶，也是家史的一部分，留下紀錄，後代晚生可瞭解先人走過的足跡，鑒往知來。

「慶餘居」的故事，見證著我們家族由貧困到小康的奮鬥歷程，大哥奕展以「積善之家慶有餘，追懷祖德期勉後輩」旨意，為「慶餘居」命名。

慶餘居座落汶浦水岸，坐西北面向東南，位在光前溪、斗門溪匯入金沙溪的滂埕（即現在的榮湖）畔。屋旁即為縣定歷史建築黃卓彬洋樓，遠眺「仙人長臥地」的太武山，天氣晴朗時，猶見湖中的山景倒影，名建築師許育鳴先生讚譽有加，認為景觀殊勝媲美歐美名勝，寧靜幽美天然雅致。

慶餘居的興建，有段曲折過程。它是落番到星洲經商的先高叔祖良研公暨其堂兄良問公二人集資僑匯返鄉，交付當時年僅二十三歲的先曾祖父長勝公（字熙時）主其事，全般規劃和執行建屋事宜。長勝公於清同治五年（一八六六年歲次丙寅）代為價購建地，丁卯年（一八六七年）興工，此期間曾因留在金門的良問祖婆有意見，遭遇經費不足等問題，歷時近四年，遲至辛未年（一八七一年）主體建築才大致完成，唯屋宇仍有部分細節未竟完工。

由於慶餘居係良研公堂兄弟二人共同出資建造，產權各半，使用上也是各用半棟。良問公晚年返回金門，逝世後葬在斗門田園附近；良研公則未返家鄉，留守家鄉的良研祖婆撫養熙有公（長勝公的胞弟）為嗣子，熙有公弱冠時搭船擬前往尋找良研公，繼承其事業，於途中不幸落海身亡，長勝公承父、叔之命，以三子卓奢公（即先祖父）出繼熙有公，這就是我們兼祧長勝、熙有二公並繼承慶餘居的緣由。

慶餘居因部分工程尚未完成，在我家進駐前有一段時間是空置的，暫作堆放柴火、雜物及繫綁牛馬之用。先祖父卓奢公原住在「中間」（我們的老祖厝），因家庭問題兄弟異爨析產，搬到舊磨坊二樓暫住，某日夜晚風雨交加，磨坊嚴重漏水，擬緊急遷移到慶餘居，不意大門由內部拴住，先祖父繞由側門欲開門入內，不料稍一碰觸，大門竟轟然向外倒塌，所幸當時先祖母帶著大伯、二伯及三姑，雖然都在門外等候，但因保持相當距離，而有驚無險。祖母在時，每次回憶起這段母子相擁佇立風雨之中、門倒牆裂的驚魂往事，都餘悸猶存，驚恐不已，特別感恩神明護持與祖先庇佑。

祖父繼承熙有公故居，擁有該屋一半產權，本當有半棟房屋可用，但前房為其堂弟媳佔用為牛舍，祖父認為家族以和為貴，遂息事寧人，忍氣吞聲，一家六口窩居在後落的兩個小房間裡，當時三姑及我娘年紀小，尚可忍受，後來，家父章歲公、二叔章掘公、三叔章德公及四叔章義公相繼出生，加上祖父母、三姑和娘親（大伯、二伯已因病英年早逝），總共八個人擠在原有的兩個房間，其侷促和不便可知矣！家境困苦與生活空間狹窄，在在都考驗著這個年幼子女眾多、食指浩繁的窮苦家庭，難怪二叔講古常說：「當時家中八個人、只有兩張床、兩雙木屐，冬衣單薄不足禦寒，夏衣悶熱僅供遮蔽身軀，三餐不繼，常須飢腸轆轆上山務農，忍飢耐渴幾為常態。」緬懷先人一貧如洗的困苦、匍匐上進振興家業的艱辛，想想現在衣食無虞尚能承繼祖先奮鬥所遺產業，實應感恩天地祖德庇護，不宜懷恨所遺不豐欠公，徒貽外人笑柄。

可能囿於經費，慶餘居起造時原有架構非常簡單，兩面磚牆中間以黏土填實，迄至我小學時，大廳及前廳地面仍然為紅赤土泥巴地（金門非常普遍的紅黏土），晴天問題不大，雨天濕滑難行，且屋頂漏雨經常將地面侵蝕成一個個淺淺的水窪坑洞，進出都要小心翼翼，偶有失神，就會摔得四腳朝天，小時候經常看到我娘及叔嬸在雨天時辛苦挑回溪沙，一層層撒布地面止滑保持乾燥，一直到我讀國中時，家父主導大翻修，才將地面鋪上紅磚。

民國二零年代，孩子們逐漸長大，深感生活空間嚴重不足，也沒有像樣的地方可供炊爨，家父與二叔便利用農閒，撿拾石塊、廢磚、破瓦等材料，花了一年多時間，胼手胝足，在現在護龍的位置，蓋好一間起初做為豬圈，後來又擴建為勉強可用的廚房，解決「食」在不易的問題，早年那間廚房曾留下我們童年很多的回憶。

民國三十六年，二叔要結婚，情商卓不嬸婆讓出前廳右廂房，作為新娘房，勉強解決住處侷促的問題。民國四十二年，我出生後過繼二叔、嬸，二嬸（我的新加坡媽媽）帶著襁褓中的我，就住在這個房間裡。後來，她每次從南洋回來，都會進屋裡轉轉，畢竟在二叔落番後、她赴星依親前，曾在這個房間度過近十年獨守空閨的寂寞歲月。

民國三零年代末，兩岸對峙，金門屢遭對岸砲擊，為了就近安全掩蔽，不必遠涉洋樓東側窯洞躲避，父親又偕三、四叔在廚房前蓋了鋼筋水泥的防空洞，提供我家與鄰居躲砲彈之用。嗣後添成叔公出借前廳左廂房給我家當廚房，防空洞也遷至洋樓後方，原本的廚房即重新整建成兩房一廳的護龍，做為三叔一家十餘口人的住處，三嬸回想當年情景，感慨的說：「兩個大人、九個小孩，當時怎麼擠的，現在都想不起來了！」一枝草一點露，忍一忍就過了，困窘如昔，現在計較什麼？

慶餘居在祖父卓奢公時曾多次修葺，但僅止於修補漏洞、遮風避雨，迄民國五十八年，我家境稍有改善，父親徵求良問公旅星裔孫清荷叔公（字卓清，旅居星洲，與二叔合營恒美商行，是慶餘居半棟具產權的屋主）以及在金的添成叔公同意，與三位叔叔合力做了一次全面性的大修，我們負責絕大多數費用，清荷叔公也匯少許金額參與。娘親在房屋整修時，罹患嚴重皮膚病，據說是拆除舊屋結構時，百年積塵飛揚，皮膚傷口受細菌感染，又未能及時妥善治療所致，此後父親帶她到臺灣遍尋名醫，遺憾始終未能根治。

後來，父親在沙美街上與人合建店面，即博愛街的「協發布莊」（現已歇業）和三民路的「珊豐飼料行」（現改為水果行）。嗣後，大姊彩華出嫁前後在博愛街經營布店，大哥奕展、二哥太平婚後搬到三民路，三哥奕煌、四哥奕木和我三人負笈臺灣，家中居住空間與環境問題大為緩解。

民國六十年代初期，政府將慶餘居前的池塘和澇埕濬深整治成榮湖，以解決金東地區民生用水問題，汶浦水岸的景致大為改觀。而此後家中成員快速增加，子侄輩也逐漸長大，父親與諸叔商量籌資在「中間」祖厝東側新建雙落一棟，此期間適逢二叔返鄉，彼兄弟二人由湖岸道路向內反觀，發現一落四櫸頭的「中間」祖厝，夾在添成叔公住家與新雙落等兩棟雙落厝間，破舊內凹，景觀極不協調，也對祖先不敬。二叔即建議將其擴建為雙落厝，使三棟雙落併排一線，且與慶餘居、黃卓彬洋樓連成一氣，屆時勝景可期。父親聽後坦言，他其實早有構想，初估全部工程概需臺幣百萬，但初期若能獲得七十萬即可動工，其餘不影響主體工程之周邊設施，可另外設法逐步處理，正因經費龐大難以籌措，故而躊躇不決。二叔瞭解上情後，與父親商量決定：他返印尼後即設法匯款七十萬支應，不足數請父親在家鄉籌集。大伯公卓略公長孫伴良兄斯時生意失敗，手頭並不寬裕，唯在知悉祖厝重建大修計畫後，仍勉力匯寄臺幣五千元共襄盛舉，一起支持父親執行該一工程。工程歷時年餘，父親、三叔、四叔及在金家人都親身參與協力。且父親為維護祖居前方景觀之完整，幾經波折，以時價二十萬向章波叔商購慶餘居正面菜園地，家園的完整，於焉完成。

「中間」祖厝竣工後，果如預期，造就了現在榮湖畔閩式建築數棟燕尾相連、屋宇儼然的優美景色，也是汶浦水岸勝景的亮點，經常吸引遊客到此攝影留念。二叔將其歸功於上蒼庇佑、祖先遺蔭，我則認為：父母親與諸位叔嬸同心協力共創溫馨美好家園，居功厥偉，深值後代子孫感懷。

民國六十七年農曆九月，祖母以九二高齡辭世。父親與三位叔叔於十年後（一九八八年）異爨（分家）析產，大哥放棄長孫持分（依照金門鄉俗，長子長孫有責任留在家鄉「顧祖公」，故分遺產時應單獨提列一份，做為喪失出外發展機會的回饋），二叔也放棄金門所有祖產繼承權，讓予兄弟，僅保留與父親共有慶餘居一半產權（含護龍）作為永久紀念，此一決定並明載於分產鬮書。但慶餘居與旅居星洲族親共有產權之狀況，長期存在一些困擾，就是申請整建或修葺時，必須徵求另外半棟屋主同意並蓋章，手續曠日費時，殊為不易，尤其在清荷叔公過世後，繼承人為數眾多且散居各地，修繕同意之相關申辦程序加倍繁複，父親雖有意懇請頂讓，以解決此一問題，均因難以啟齒而作罷。

民國八十年代末、九十年代初，慶餘居先後歷經白蟻蛀蝕及年久失修，大樑腐朽，部分房間漏水等狀況，屋況極差，民國九十五年後，左右櫸頭屋頂更相繼坍塌，不堪居住。二叔基於該屋係父執輩出生地之情感，以及如坐視其坍落擴大或傾倒，將嚴重影響家族聲譽與形象，乃下定解決產權問題的決心，歷經多年奔走協商，劍及履及遠赴新加坡親訪清荷叔公哲嗣章恆、章美諸叔，除說明慶餘居屋況、維修計畫及所需經費外，並委婉探詢渠等是否願意將產權轉讓我家，以利爾後之維修與管理。章恆叔兄弟四人姊妹三人經會商長考後，慨允捐贈頂讓，二叔為感謝彼等成全多年夙願，有利老屋整修暨永續保留，亦給予相當回饋。嗣後，因臺、星分屬不同國家，且清荷叔公遺族眾多，頂讓贈予同意書傳閱簽名蓋章費時，文件在新加坡政府及我駐星代表處間公文旅行，歷經諸多波折，延宕許久，二叔、大哥頻頻以電話聯繫，或親赴恆美接洽，我及內人更曾銜命前往新加坡牛車水恆美商行，面見章恆、章美二位叔叔，終於在二〇〇五年我等攜回手續完備經我代表處給予簽證的同意書，百餘年產權各半、翻修維護不易的困擾，終獲解決，慶餘居的產權轉移塵埃落定，實是「章美叔兄弟有量，我家族人等有福」啊。

慶餘居產權問題解決後，整修的工作隨即展開。二叔由南洋匯回臺幣兩百萬元，再申請縣政府補助一百六十萬元，其餘不足數由大哥支付。遵照規定，整修必須整舊如舊，忠於房屋原貌，是以施工極為耗時費日，歷時近兩年才大功告成。為維護此一祖居根源地之完整，二叔與大哥共同揭示：慶餘居（含護龍、正面菜園地）由大房二房共有，應永久保存，不得以任何理由瓜分、出售、典當或毀損，使成家族向心、回歸之磁極。

慶餘居正面

慶餘居歷經百餘年滄桑，它的故事訴說著：我們的家族原本一無所有，清寒如洗，侷促一隅。此期間，感恩良、熙、卓、章四代人秉持敦厚積善、不屈不撓的精神，艱苦奮鬥，始成今日溫馨優美、令人稱羨的家園，以及小康稱裕的生活環境。緬懷興建慶餘居的良研、良問二公在星洲經營合發號商行，店中題字：「合其道則財恆足，發於斯而利無窮。」由此可知：財足必先合道，利多源於合作；反之則財不合道，雖富必窮；錢多失和，其利自散。重溫先人智慧和祖宗的訓誨，足知明辨義利，可能比富貴榮華更重要。「慶餘居」，積善之家有餘慶，向陽門第早逢春，這雙落老房子是我們家族的起家根源地，她正時時告誡著子子孫孫要存善念、明義利、辨是非，才能「慶有餘」啊。

黃卓彬洋樓一頁滄桑

黃卓彬洋樓，位在榮湖畔金門新十景的汶浦水岸[19]（興建時，榮湖尚未整治，前為汶水溪及黃氏大池塘），地址為金沙鎮汶沙里后浦頭七號。可遠眺仙人倒臥的太武山，以及汶水溪田園風光，山光水色，風景絕佳。該樓因能表現地域風貌及民間藝術特色，故於民國九十二年（西元二〇〇三年）十二月一日經政府以【府教社字第〇九二〇〇五七一五〇號】文核定為地區歷史建築，並將相關資訊公告於文化部文資局的網站上。個人根據所登資料，查閱相關文獻、並向族親耆老查證後，謹補充相關歷史背景與故事如後，也是替後人留存可供追尋的線索。

洋樓之起造人黃卓彬先生，為紫雲衍派浯洲汶水黃氏華房廷講公第十七世

19 該樓所在經度：118.414802167298；緯度：24.4863812629667。

裔孫，其祖父良爪公與先高祖父良踏公為堂兄弟，都為宣畷公（一七五四－一七九五）一脈相傳的後裔，因此我們都稱呼他為「彬伯公」。卓彬公早年隨親長落番，於印尼蘇門答臘峇眼經營橡膠園及花木植栽，運送新加坡外銷，並投資新加坡恆美貿易商行致富[20]，且依照當年落番有成、衣錦榮歸的作法，於民國九年（一九二〇年）返回汶浦東勢面，也就是我們「慶餘居」老雙落的隔壁，營造洋樓一棟[21]，工期歷時兩年，在民國十二年竣工。據家叔章掘公講古，卓彬公原擬委請先祖父卓耆公承辦洋樓起造工程，唯卓耆公考慮自身子女眾多、當時的家境頗為困窘，如代辦該案，恐惹來攀附富貴、趨炎附勢之譏，且如有閃失，更易引發族親誤會，乃在第一時間予以婉拒。嗣後家族韓琪公（字熙琪）等人亦未承接該一工程，而委託大陸內地匠師監造及構築。原籍惠安的三姑丈莊轉生先生，當時即是追隨其叔父來金承攬洋樓之木作工程，因而得以結識三姑並結為連理。

20　黃卓彬先生營商致富的產業主要是在印尼峇眼，而非文資局資料所記載之新加坡，唯僑匯應該是透過新加坡投資的恆美貿易商行處理。

21　黃卓彬洋樓創建於民國九年（一九二〇年），竣工於民國十二年（一九二三年），均距日本侵佔金門之年代（民國二六年十月二十六日）甚遠。文化部文資局資料記載該樓創建及竣工年代均為「日本大正年間」，容易引起誤解，應予修正。

黃卓彬洋樓的建築材料，以傳統閩南建築最常用的煙炙紅磚（瓦）、石材及木材為主，形成中西文化融合的美感，經久耐看，歷時近百年，別有一種古樸典雅之美。它的建築格局，為兩層五腳基樓房加迴向，因建迴向而有了龍虎門出入，門上分別寫有「鳶飛魚躍」、「玉海珠月」等門楣。房屋構造，外側下緣有九緣花崗石砌石，砌石上方為紅磚，紅磚的砌法非常特殊，係採人字交錯砌法，故異常堅固。國共對抗年代，屋後二樓壁面曾遭共軍宣傳砲彈頭擊中，但僅貫穿一個圓洞，其餘均不見損傷，迄今彈痕猶清晰可見。

一樓天井鋪石板，排水系統很好，雨後排洩迅速。天井右側挖有水井，唯已鹹化，僅能洗滌，無法飲用，我們兒時夏日汲水沖涼，肥皂很難抹上身體，洗後有種滑膩的感覺，應該是鹽分在作怪吧。外窗係磚造，內窗為木製。因民國初年的島鄉並不寧靜，故在大門兩邊內側留有不易從外查覺的銃眼，俾能從屋內向外射擊，防範盜匪入侵。一、二樓間的樓梯，原為木構，因年久失修，唯恐上下造成危險，乃改建成鋼筋混凝土的樓梯。

二樓的地板，原本為福杉樑柱上鋪設紅磚，嗣後因駐軍用帶鹽分的汶水溪水洗地，浸蝕磚面，造成風化，加上福杉樑柱遭白蟻啃食腐朽，樓地板搖搖欲墜，如不處理，恐有傾圮的危險，也將波及慶餘居老雙落，乃由家父章歲公及二叔章掘公，徵求旅居新加坡的卓清叔公同意，出資施工改成鋼筋水泥地板，使二樓免予坍塌。二樓神明廳安奉卓彬公一脈的祖先牌位，過年過節均由我家暨添成叔公祭拜。樓上計有四個房間，駐軍時又將陽台的東邊四分之一處隔成小房間，致迴向露臺僅能由西側出入。此外，我曾無意間驚奇發現，房間嵌在牆壁上的木造置物架底下，居然另有暗格空間（應係防竊盜暗藏珍貴財物之用），只可惜空空如也，既沒有袁大頭，也沒有啥寶物，更沒有隻字片語，想必原屋主也忘了曾有如此精巧的設計吧！洋樓的迴廊和露台，展望良好，視野開闊，四周美景盡在眼前，是我們年少時最常流連的地方。尤其是夏天的夜晚，夜涼似水，滿天星斗，一輪明月高掛天際，坐看太武山黝黑的山影，倒映在池塘的水面，相映成趣。有時，甚至直接鋪設草席，睡在迴廊或迴向露台上，在沒有冷氣的時代，那真是一種幸福啊！二樓正面採粗磚結合欄杆，「紫雲衍派」堂號左右兩側飾以西方天使泥塑。而兩側邊的馬背山牆有雄鷹泥塑，雄鷹是印尼的國鳥，具有振翅高飛、鷹揚奮發的涵義，與卓彬公落番僑居印尼之背景相符，也在鼓勵後嗣要懷抱冒險犯難的雄心壯志。

黃卓彬洋樓東側

黃卓彬洋樓，除了糅合閩、洋的特色，另有一樣大時代留下的刻痕，可作為重大歷史事件的見證。那就是東西方冷戰與國共對峙時期，洋樓的國軍部隊為了激勵戰志、鼓舞士氣，在洋樓的四個壁面都嵌上泥塑的反共精神標語，西側塑有「完成革命大業」，東側則係「雪恥復國」，都保存完好，而朝南迴向正面所塑的「主義、領袖、國家、責任、榮譽」軍人五大信念標語，泥塑字體已經脫落，只留下清晰可辨的文字痕跡，記憶裡北面也有相似文字，但現在已無跡可尋。汶浦聚落還遺留甚多泥塑或油漆的反共標語，這些歷史的餘緒，是村落的一項特殊景觀，經常有學校校外教學或外地觀光客駐足巡禮，文史學界也很關心這些史蹟的保存問題。

洋樓的使用狀況又如何呢？根據宗族耆老回憶和傳述，在全屋落成後，卓彬公曾親率二房妻室呂瑞女士[22]暨子朝榮、朝聘、朝意、朝良和長孫奕明等人返鄉進住新厝，經過一段時日，卓彬公重返印尼營商，其他人仍留住家鄉，直到抗日軍興、日軍侵犯金門之前，才全部經由廈門搭船，返回僑居地逃避戰禍，此去卓彬公及其家人就從未再重返洋樓，一直到其孫奕啟、曾孫女瑪莉回金門尋根，始得重謁祖先故居。

卓彬公家人避禍離金後，日軍登陸金門，佔領金沙地區之日本部隊，佔據汶浦聚落黃卓伯洋樓為駐軍指揮部，黃卓彬洋樓為軍、士官宿舍，歷時多年，以迄日本戰敗投降。[23]國民政府播遷臺澎金馬，大量國軍進駐金門，金東地區守軍亦徵用洋樓設為野戰醫院。民國三十八年（一九四九年）古寧頭戰役時，金西戰

---

22 卓彬公原配係家鄉所娶之陳環女士，留守家鄉多年，嗣後赴印尼與彬公團圓。唯在僑居地多年膝下猶虛，乃領養朝發公，並由長兄之子朝根公來繼。卓彬公在僑居地另外再娶當地娘惹呂瑞女士，生朝榮、朝聘、朝意及朝良（未娶而卒）四子，目前在印尼已枝繁葉茂。

23 故黃卓彬洋樓之被佔用，亦非文化部文資局所記載首由國軍進駐。

場的傷兵絡繹不絕後送來此。據說當時送來的傷患非常多，擠滿整棟洋樓各個角落，痛苦呻吟之聲不絕於耳。不幸急救無效者，則以白布覆蓋暫時集中於洋樓東側，再轉送往他處處理。

古寧頭戰役之後，洋樓陸續有國軍步兵團、營級指揮部、「水鬼隊」（兩棲偵察部隊）、通信部隊進駐。「九三」、「八二三」，「六一七」、「六一九」等多次砲戰，黃卓彬洋樓在烽火連天中，居然都逃過一劫。尤其是「六一七」、「六一九」砲戰，村莊小廟「汶鳳殿」臨近國軍砲兵陣地，遂形成共軍火砲集火射擊的重點，兩天的砲擊，村子和周邊落彈數百發，十餘棟民宅受損，小廟半毀，田都元帥神像傾倒斷臂，洋樓正前方的合歡、相思樹林，十餘棵粗可環抱的大樹，皆為砲彈攔腰削斷，相隔不到十公尺的洋樓，竟然毫髮未傷，匪夷所思，真可以說是老天爺的眷顧吧！

洋樓駐軍期間，住過一些後來的名人。據叔公黃添成先生回憶：曾任陸軍官校校長、八軍團司令、陸軍副總司令的朱致遠將軍，即為當時駐軍的副團長，溫文儒雅，迥異於一般軍士官，他曾組訓村子裡的兒童為合唱團，我很好奇一群不識字、看不懂五線譜或簡譜、打赤腳的村童，能唱些什麼歌呢？此外，已經過世的書法名家、前戲曲學院校長王敬先先生，民國五十年代初期仍身羈軍旅，官拜陸軍通信兵少校，其駐地即在黃卓彬洋樓，某次他帶劇校復興劇團到金門表演時，還抽空專程驅車到洋樓憑弔，與我家長輩敘舊呢！還有我讀小學時，洋樓有一位念過清華大學的「青年軍」夏文德士官長，文質彬彬，好學不倦，會寫詩和散文。他對我很照顧，經常送我文具，以及一些有關歷史和傳記的書，但輪調回臺灣後就此失聯，我相信以他的勤奮博學和文采，一定可以在某個領域一展長才，或許像洛夫、管管一樣有成就。我想老人家如仍健在，恐怕也已九十開外了。那段過往，彰顯「軍民一家」、「同島一命」的精神，撫今追昔，令人無限感慨。

隨著國軍營區落成，重要軍事單位逐漸撤離村莊，洋樓也只剩一些勤務部隊或短期集訓隊進駐，記憶裡曾有「軍號集訓隊」駐紮，清晨即沿池塘堤岸吹奏，新手乍練，十餘把軍號此起彼落，鬼哭神嚎，魔音傳腦，擾人清夢；而軍號的教官肺活量驚人，中午在洋樓二樓陽台躺椅午休，鼾聲震動四鄰，我們被吵得睡不著，趁機神不知鬼不覺拿著冰棒，放在他袒露的鮪魚肚皮，惹得他暴跳如雷，而幾個小傢伙早就溜之大吉了。

民國五十二、三年，軍隊貫徹軍民分住政策，原本借用民宅的部隊，陸續撤離，洋樓就空置了。親族乃運用來堆放土豆（花生）藤、番薯藤等餵食牲畜的飼料或高粱桿、麥桿等燃料。我們則利用閒暇到二樓探險，黝暗潮濕的空間、吱吱作響的木質樓梯，一些自己嚇自己的靈異傳說，使洋樓充滿恐怖、刺激與神祕的氣氛，是比賽膽量和捉弄人最好的場地。當然，我們最常從樑柱間隙去找鳥巢、掏尋清點鳥蛋，空置的洋樓，成了我們少年時期的遊戲場。

民國五十三、四年，因為我家人丁繁茂，兄弟姊妹人數眾多，奕煌、奕木兩位堂兄和我準備小學畢業會考時，曾進住洋樓二樓的房間，點蠟燭或用軍隊通信機的蓄電池接燈泡照明，臨陣磨槍讀書，雖然與自己家僅有一條巷弄之隔，但初次脫離拘絆的自在感覺，迄今仍印象深刻。民國五十四年仲夏，金沙國民中學創校，第一屆的學生包括來自金寧國中跨區借讀的學子[24]，因為交通不便，有些二哥太平的同班同學便借住在洋樓，其中據說還包括後來當選金門縣長的李炷烽先

24 當年政府實施九年國民義務教育，由金門先做實驗。民國五十三年先成立金城國中，翌年成立金沙和金湖國中，第三年才成立金寧國中，故金寧的學生就先到金沙國中讀第一年，二年級才轉回寧中。因為交通不便，當時有些學生就在學校附近尋屋住宿。黃卓彬洋樓就有包含前縣長李炷烽在內的金寧地區沙中學生進住。

生呢！

我國中時期以迄離鄉赴臺，陸續有族人親戚借住洋樓，記憶裡有我東埔的二表姊碧治一家人，堂妹彩綿（即文化部網站登錄的歐陽少華）全家，但他們都是住在兩側櫸頭和南面的迴向屋內，並未用到主建築的部分。他們在黃卓彬洋樓，都能安居樂業，平順生養子女，後來也都因自建（購）房屋才搬出洋樓，可見黃卓彬洋樓是祥發之地。目前該屋係我家族長輩住在裡面。

黃卓彬洋樓是一棟中國閩式建築與西方建築風格交融的產物，也是先人落番歷經艱辛奮鬥不懈的成果，其用意當然在於衣錦還鄉、光宗耀祖，但更深沉的涵義，則是心懷鄉土，回饋反哺故里。在陳景蘭洋樓的小門上泥塑有《傳家錄》：「余望後輩當念建業艱難」，黃卓彬洋樓何嘗沒有此一用意？個人退伍後，奉嚴命於黃卓彬洋樓旁建「思源第」家族故事館，特別要求結合汶浦水岸環境，與洋樓互相輝映，彼此融合，屋宇高度不可超出洋樓太多，以免影響天際線之和諧。據了解黃卓彬洋樓在解決繼承權問題後，將爭取政府協助，處理後續整修的問題，他日有成，必可重現百年風華。對此，我們有著深深的祝福與期待！

暗夜砲聲

——紅與黑的印記

鄉籍藝術家李錫奇大師在國立歷史博物館作《八十回顧展》，開幕時我也與會細細品賞，有幸恭逢其盛。有人說：「李大師創作的元素，很多來自故鄉金門。」確實，在大師的版畫裡「紅黑底蘊展現廣大安定的磅礴氣勢」，「黑」溯源於戰地長夜漫漫的宵禁、黑色布幕下的燈火管制；「紅」則象徵著島鄉大地上炙熱的砲火與汩汩流淌的鮮血。是啊！走過那段歲月，紅與黑，一直都是我們內心深沉的傷痕，也是島民鮮血與烈火、堅忍不拔的印記。

鮮血與烈火的砲擊印記

沒有歷經戰爭殘酷的錘鍊，不知道和平的可貴；未曾身沐遍地烽火的洗禮，難以體會生離死別、痛苦難當的煎熬。沒有聽過砲彈擦身而過的尖銳呼嘯響聲，無法瞭解生命無常的恐懼；沒有被漫天砲火追擊、踉蹌逃命、那能領略生死僅僅一線之隔的經驗？未經家園破碎、至親好友傷亡，怎會珍惜家人團圓、平安的美好？……。正如西哲叔本華所說：「未曾哭過長夜的人，不足以語人生！」同樣的，沒有經過戰亂創傷和磨難的人，也無法理解歷劫歸來者對於和平與安定的渴望。我們的島鄉，以蕞爾小島，有史以來歷經諸多戰亂洗禮，曾經承受數十萬發重砲轟擊、島民挨過逾四十年軍管生活，邇來雖然砲聲已渺，戰地政務解除多年，但撫今追昔，仍有太多不堪回首的記憶。

打從我出生，以至成年，對岸的砲擊聲，始終如影隨形伴我成長，甚至遠離家鄉負笈臺灣，也曾迭次在暗夜砲聲的噩夢中驚醒，夢裡故宅老屋煙塵四起，隱約聽到祖母大聲驚呼著：「ㄆㄚˋㄍㄠˇ了，緊走！緊走啊！」耳畔那緊急催逃的聲音，讓我醒後久久難以入眠。雖然兩岸砲聲戛然而止已經將近四十年，眼下小三通往來舟楫如織，往昔壁壘分明的對峙，早已不復見，但回想當年每逢砲擊的夜晚，咻咻砲聲和落地後的爆炸聲，彷彿死神穿越長空而過，或黑白無常步步進逼，而我們只能瑟縮戰慄、忐忑不安地躲在防空洞中，細數每一發或近或遠的砲聲，壓抑緊張不安的情緒，靜靜渡過漫長、無助的煎熬與等待。

童稚時期經歷的六一七砲戰

余生也晚，沒有趕上「古寧頭戰役」，對「九三砲戰」、「八二三砲戰」也不復記憶，只從娘親的口中聽到：砲戰時她曾揹著我留守家園、多次瀕臨危險的片斷回憶。但民國四十九年（一九六〇）「六一七砲戰」（或稱六一九砲戰）時，我已經是個小學生，有較深刻印象。據說那次的砲戰，是中共為了抗議美國總統艾森豪訪問臺灣，故意「放禮砲歡迎」。事發前幾天，對岸共軍密集廣播著砲擊的訊息，我們家也早早做了安全準備，全家十餘口人，入夜前即由祖母帶領，先躲到祖父墳塋左側的地隙紅土窯洞裡，靜待共軍預告時辰的砲擊。我想祖母會選定這個窯洞躲避，一則是紅土

金門砲戰國軍砲兵還擊情形

共軍砲擊金門，摧毀金沙國小教室。

堅固，足以抵擋砲轟，再則是祈求祖父英靈不遠，能庇佑家人平安渡過劫難吧！夜幕低垂，周遭一片死寂，只聽得見蛙鼓蟲鳴。砲擊伊始，只聽到園頭方向一聲沉悶的砲響，隨之而來是不及計數、此起彼落的轟擊巨響，從窯洞口向外張望，只見火光忽明忽滅，夾雜著樹木折斷或建築物倒塌的聲響。父親指著砲聲與火光的方向，研判我們村子恐有不少落彈、損失應該會很嚴重，而此刻我們唯一能做的，只有枯坐在潮濕、頂端不斷滴水、鬱悶得讓人窒息的紅土洞裡，迎接著不可知的命運！年幼的弟弟、妹妹們疲憊的俯趴在叔嬸腿上睡著了，僅有大人壓低嗓門講話，低聲討論著天亮後家園可能的場景，而祖母眼神直直望著洞外的天際，若有所思，她老人家歷經多次戰亂，應該是在盤算將如何收拾砲擊後的殘局吧？到了下半夜，砲聲漸趨稀疏，黎明前終於恢復沉寂。

天亮後，我們迫不及待步出紅土窯洞，沿著後水頭通向村落的小路跑回家。發現黃卓彬洋樓左前方的合歡樹林，幾乎全部攔腰削斷，牛欄及豬圈有部分受損，老雙落和洋樓房屋主體大致安然無恙。但村子其他地方中彈累累，損失慘重，尤其靠近砲兵連陣地的汶鳳殿小廟幾乎全毀，主祀神明田都元帥塑像被擊倒在地，左手臂折斷；距離我家不到五十公尺的卓生叔公家，也不幸被砲彈擊中，卓生嬸婆躲避不及，慘遭斷裂的屋樑撞擊當場氣絕身亡，因為時序入夏，天氣悶熱，翌日午後，便匆匆忙忙抬往後溝仔埋葬了。我們村莊是該次砲戰損失最慘重的聚落，房屋全毀、半毀者甚多，所幸除卓生嬸婆遇難外，族親都安然無恙。後來，縣政府到各家發放美援的棉被和一磅罐裝的奶粉，作為救濟。至於砲擊目標指向的砲兵連狀況如何，我不知道，但砲戰後不久砲兵連就撤離了，僅留下空盪盪的砲陣地，成為我們放牛之餘探險的所在。砲擊結束，小孩們倒有一筆小外快可賺，那就是提著鐵桶等容器，沿著往沙美的幾條道路和田野，小心翼翼撿拾遍地散落的砲彈破片（因為鋒利的彈片比刀片還銳利，撿起稍有不慎，即可能受傷），撿到的破片，都是賣給街上的打鐵店，那大概就是今日金門砲彈鋼刀的濫觴吧。

砲彈不長眼的擇日學

砲彈不長眼，如何逃躲？中國人婚喪喜慶喜好「擇日」，挑選黃道吉日討個吉利。島鄉在那三十幾年裡，倒是不必費心擇日，就因為共軍砲擊「單打雙停」，所以雙號非砲擊日即是吉日。鄉親有不信邪的，喜事擇日選在單號宴客，也曾發生許多憾事。譬如沙美有一戶旺族特別選在單號娶親辦喜宴，入夜後燈火通明、人聲鼎沸，酒未過三巡，即引來共軍一陣砲擊，其中一發不偏不倚正中宴客大廳，造成多人死傷，其中有我國中小同學的父親，以及小學時的自然課老師。由於傷亡者都是左鄰右舍、熟識的人，消息傳來，令人倍感震驚與傷痛。

我的母校金沙國中地勢較高，加上高聳的國旗桿，目標鮮明，而且附近有國軍的營區與砲陣地，據說是共軍砲擊金東地區的檢驗點。因此，在沙中周邊的沙美、東埔、後浦頭和英坑，就成了最危險的落彈區，被「匪砲」擊中受傷甚至身亡的事件，時有所聞。時序較近、我印象較深刻的有：某個夏日夜晚，博愛街一家文具店老闆的老太爺，正坐在店門口乘涼，一聲砲響，走避不及而被擊中，送醫傷重不治。另外就是金沙國中某位我們極為熟悉的工友，在學校值夜班，被宣傳彈直接命中，當場殉職。

暗夜砲聲聽音辨位學

對岸的砲陣地，遍布圍頭、蓮河、廈門、大小嶝……等地，射擊的時間、地點難以捉摸。所幸在金門民國六十年以前出生者，對於共軍砲擊，大多練就一身「聽音辨位」的功夫。砲聲「咻——嘣」，拉著長長的尾音，好久才落地爆炸，顯示那只是掠空而過的遠彈，安啦！「咻—嘣」，聲音短促尖銳，是距離很近的近彈，趕快進防空洞吧；「咻—鏃鏃鏃」，代表砲彈近在咫尺，即將爆炸，必須就地臥倒尋求掩蔽、祈禱神明保佑！當年鄉親被砲彈追著跑，根本不是新鮮事，個人就有這種生死一瞬間的驚險經驗。

話說某一個夏天的傍晚，我到蔡店附近的池塘邊，準備把正在吃草的老牛牽回家，因一時貪玩跑去抓螢火蟲，直到天色昏暗才踏上歸途，不意走到半路，一發宣傳彈從空而降，老牛聞聲拔腿狂奔，我被迫放開韁繩、一頭栽進路邊的軍用線溝，弄得一身狼狽，回到家還不敢吭聲呢，以免討打。四十幾年前的往事了，如今回想起來，似乎淡了遠了，好像在說著別人的故事，有些傳奇色彩，又有些好笑，但輕輕翻開那一頁頁的片段記憶，還是有點隱隱作痛的感覺。

走過金門砲擊歲月，我相信：「紅」與「黑」會牢牢刻劃在我們的記憶裡；現今追懷暗夜的砲聲，不忍追懷，又難以忘懷！島鄉「固若金湯，雄鎮海門」的地略位置，使戰亂變成金門「匹夫懷璧」的宿命和歷代揮之不去的夢魘。有人說：「使我們受苦的，往往不是情況的本身，而是我們對於情況的想法。」站在金門的大地上，仰望太武山，我虔誠感恩貧瘠的紅土地和堅實的花崗岩磐，賜予我們堅韌求生、奮戰不懈的意志，也謝謝連天的烽火，錘鍊我們冒險犯難、勇敢樸實無華的性格。眼前砲聲早已銷聲，戰事也渺遠，但我心曾淌血，「紅」與「黑」的戰火烙印仍鮮明深刻。

海峽上的月光

明天是金門「八二三砲戰」五十九週年紀念日，謹以此文紀念島鄉那段烽火連天、軍管森嚴的艱苦歲月，並為歷經民初海賊擄掠、二戰日寇侵略與國共內戰等戰爭苦難，於八月十四日凌晨以一百零一歲高齡仙逝的姑母網治女士送行。

淺淺海峽汩汩流淌，彎彎明月依然高掛，年少的記憶，隨著歲月沉澱益發清晰；曾經匍匐熬過的磨難雖已遠去，但一幕幕難忘的圖像，卻總不時在腦海裡翻轉；咀嚼著那一去不復返的青春，竟有一絲絲的苦澀，搖搖頭，想忘卻忘不了。

寫於二〇一七年八月二十二日深夜

早時臺金往來印象

在海峽兩岸劍拔弩張的歲月裡，島鄉的人們往返臺金兩地並不容易，除了申請手續的冗長與繁瑣，更麻煩的，則是往來交通工具的安排。當年，島民赴臺或返金的交通，除了極少數有關係的人得以搭乘俗稱「老母機」的C-119，絕大多數的人只能坐船，早期可以載人的船艦以中字號登陸艦為主，嗣後才陸續有「太武輪」、「凌雲號」等人員運輸軍艦的出現，但真正能搭上人員運輸艦的，也以軍人、公務員和有辦法的人優先，一般老百姓是不敢妄想奢望的。

因此在那段時間，鄉親無論是出門離鄉或歸返鄉里，橫渡臺灣海峽，都是一件艱難而痛苦的旅程，尤其是冬天或颱風季節，寒風刺骨、巨浪滔天，更是備感艱辛。而更令人恐懼的，則是風聲鶴唳隨時可能出現的「匪艦」。

回憶起昔日的情境：出發前的煩躁忙碌、歷經關關卡卡才能抵達新頭搶灘碼頭，海灘上焦急、漫長而完全無法掌握的等待，上船時像一群被驅趕的難民，擁擠、倉皇而凌亂的登艦步履，百味雜陳、讓人窒息的坦克艙，大海孤懸、引爆鄉思的冷月，海溝翻騰夾伴強風的濁浪，暈船者痛苦呻吟和嘔吐的乾咳，嬰幼兒驚恐、令人疼惜的哭聲，年輕母親強忍不適、瞇著疲累的眼睛，輕搖花佩拍撫。還有，港都迥異島鄉漆黑一片的輝煌燈火，閃爍的霓虹燈，在「暈山」的暈眩裡，格外刺眼，強烈的反差引發莫名的複雜情緒，前線與後方何以落差如此懸殊？我們的犧牲獲得什麼回報？……那些旅程中的記憶太深刻了，一直深深的烙印在我的腦海裏，多年後午夜夢迴，猶聞其聲，如見其景。

神祕而忙碌的啟程

解嚴前的金門，出入境必須辦理證件並申請許可，登記船位要透過村里辦公室。往返金門須配合軍方運補的船班，當年金門駐軍眾多，船班也頗為密集，大概是每週有一班，每班一至兩艘中字號坦克登陸艦。那些船艦主要用以運送武器、彈藥、裝備、補給品和建築工事的材料，以及部隊換防、軍民往返金門交通輸運。人員運輸，軍人有帆布吊床可睡，一般百姓大多安置在坦克艙，人多時甚至連走道都擠滿坐臥的人群。因為船班的載客空間有限，船位核發是以病患、老年人、返臺就學的學生、公務員為優先，其餘的必須依序排隊，耐心後補等待，完全無法自主，若有急事，就只好四處奔走，尋找有力人士幫忙囉！

為了保密，船位的核准通常是在船班抵達當天稍早才通知。好不容易盼到批准的消息，接著又是忙碌的開始，拆散的行李重新打包，預定贈送親友的土產陸續盤點，父母更是對初次離家的孩子殷勤叮嚀。當年金馬外島下午六點鐘部隊陣地關閉，入夜開始管制燈火，晚上十點以後人車在重要路口通行，需要通行證，沿途接受盤查與辨證。而受限於登陸艦搶灘和退灘的時間，尤其軍艦要躲避共軍的偵察或砲擊，必須配合入夜後的潮水高潮，卸貨、裝載或人員上下船時間都非常匆促，因此，無論登船的時間是上半夜或下半夜，報到時間不一，但共同的特點則是報到距離上船的時間都很久，甚至長達數小時以上。

報到時都是依照名冊逐一唱名、核對身分證、出入境證等證件，檢查行李，發給船票，然後魚貫進入新頭海灘，為了便於人員掌握，報到後即集中管理。回憶那一幕幕扶老攜幼、帶著大包小包行李，蹣跚向前推進的狀況，頗像戰爭片中逃難的場景。由於候船室空間狹小，搭船軍民人數眾多，因此絕大多數人都必須坐在海灘上等待。

海灘上的漫長等待

早期搭過登陸艦的金門人都知道，到港口報到必須攜帶塑膠布或瓦楞紙板，因為坐在沙灘上等待的時間很長，少則兩小時，多則四、五小時，如果沒有東西墊著坐，褲子可能早就濕掉了，有經驗的人也知道無論寒暑，帶上一件禦寒的外套是必要的，即使是夏天，長時間吹著海風也會著涼。

在沙灘上等待登船，夏天的夜晚，聽著料羅灣的潮音，聞著鹹鹹濕濕的海風，看著漲潮的海浪一波波迎面捲來，計算滿潮時分，三兩同船的親朋好友一起聊天扯皮，尚可打發時間。最艱苦難熬的，還是冬季的海邊候船，就算大家都窩擠在背風的位置，群聚取暖，但空曠的海邊，寒風凜冽讓人渾身顫抖，只好將禦寒衣物連頭到腳緊緊裹住，聽著澎湃浪潮聲夾雜東北季風呼呼的在耳邊怒吼，唯有灘岸作業的探照燈，和部隊舖設沙灘鋼席的吆喝聲，提醒人們繼續耐心等待、期盼儘早登船。當然，也有歷經無數次搭船經驗的「老仙角」，可以找到一個避風的角落，裹著厚夾克、戴上毛線帽子，枕著行囊，好整以暇的躺臥厚紙板上，聽任風聲、潮聲和遠方的喧囂交雜翻騰，緊緊守住一小方塊的寧謐，這，應該也算顛沛流離中一點點小確幸吧。

其實，無論你是老經驗或菜鳥，在灘岸上等待，是很難入眠的，大多數的人都會疲憊注視著料羅外海幾個光點的變化，當那幾個光點由遠而近，朦朧的船影，在由小而大的馬達聲中，逐漸進入灘岸強光探照燈的範圍，艦艇清晰出現，艦上的信號燈一閃一閃的發出信息，登陸艦搶灘囉。當登陸艦完成坐灘，前艙門軋軋的緩緩打開，搶灘運輸部隊的指揮哨音尖銳響起，在等候的人群引起一陣騷動，原本睡著、躺臥的人們，都起來了，原本散開的人也逐漸聚攏，清點行李、招呼老人、小孩，自動的排成概略的隊形。但其實此刻距離登船至少還有一個多小時呢。

搶灘部隊作業，先將艙內的前運武器裝備和物資下卸，然後將回運臺灣的各種裝備送進坦克艙，接著各部隊差勤、受訓、休假的官兵，依序登艦，最後才輪到百姓上船。上船時，因為搶潮水時間，動作都很趕，大人小孩、老弱婦孺混雜，提著大包小包行李，逐一唱名往前擠，拿著名冊點名的士官或低階軍官，因恐延誤船隻退灘的時間，火氣都很大，態度也頗不客氣，在那個軍管年代，大家也只能無奈的忍氣吞聲。上船後，僅部隊官兵和有辦法的人，才能分配到後艙的帆布吊床，其他的人必須在坦克艙與其他空間裡自行尋覓棲身之所。

令人窒息的坦克艙

漫長的等待是一種煎熬，而進入船艙又是另外一種考驗。赴臺的人群踉蹌急擁進入船艙，一場搶地盤的爭奪戰隨之上演。每個人拿著瓦楞紙板或塑膠布，在船艙的空曠處舖上，並用隨身行李圍成一圈，代表此處已經有人捷足先登，動作慢的只好另闢空間，在靠近船頭或較狹窄的畸零地棲身，最後進船艙或害怕密閉空間味道的人，僅能利用進出口轉角的小小角落坐臥。有豐富搭船經驗者，懂得團隊合作，相互掩護，瞄準要搶佔的好位置，圈地「圍城」，可以好整以暇等著開船和橫渡海峽的旅程。

搶到棲息的角落，並不代表可以一路平順安穩抵達臺灣，航程正是另一項挑戰的開始。坦克艙本身即有濃濃的重機油味，瀰漫在整個空間裡，加上暈船嘔吐物的味道、高粱酒打破的酒香、來不及上廁所而隨地便溺的強烈尿騷味、泡麵人工香料氣味等等……百味雜陳，令人作嘔。據說早期曾有某部隊輪調返臺，違反規定把在金門飼養的小豬偷偷用木箱運回臺灣，豬在木箱裡嚎叫、便溺，甚至掙脫箱籠、四處逃竄，那種景況，恐怕更讓人難以忍受吧！此外，人多空間狹窄，要上廁所、到艦上福利社買便當、飲料，或是到船尾甲板的熱水鍋爐拿水、沖泡麵，往往要跨越很多不堪船身搖晃暈船躺臥的人，偶一失神或船身晃動腳踏不穩，即可能踩到人，必須小心翼翼，像小時候玩跳格子遊戲一般。有帶小孩的人就更辛苦了，孩子不耐艙底的悶熱與異味，吵鬧不休，父母自己暈船還要耐心安撫不舒服的小孩，備感辛勞與旅程漫漫。

在海峽橫渡的煎熬裡，可以見到人性自私自利的醜陋面貌，但也可以看見人性高尚、光明的一面。因為人多手雜，加以暈船的人不少，船上經常有行李細軟失竊的事件，有些人在船行的期間，幾乎完全擺平，等到船隻入港，才發現自己一些較有價值的物品不見了，急得滿頭大汗，但在擁擠的人群裡，那裡去找呢？公德心也是個問題，因為廁所位於艙面，必須爬上扶梯、走上一段路，才能到達，有些人懶得動或實在是暈眩得走不動了，便在隱蔽處就近解決，人數次數一多，異味彌漫全艙，薰人欲嘔。

當然，在船上，更常見的是互助合作，相互扶持的事例。有些人體質較不易暈船，便艙底艙面上上下下幫著老弱婦孺或身體不適、暈船的人，倒水、買便當、飲料，提供自己帶來的暈船藥、綠油精、白花油等提神緩解藥物，真的是患難見真情。在那種困窘的環境下，身體與精神都承受折磨，能夠耐住性子，維持一定的修養和形象，頗不容易，但也只有在這種情境下，才能考驗出人性的善良和自私自利。

海峽上的月光

當人貨都上了船，登陸艦退灘以後，並不一定是直接開往臺灣，而是退到料羅外海待命，等候配合護航艦編隊再啟航。有時候計算好抵達高雄港的時間，先閉目養神去，可是一覺醒來，攀上甲板，才發現太武山遙遙在望，船艦還沒離開料羅灣呢。如果風浪平靜，年輕力壯者，一般多會選擇跑到甲板上或坐或躺，以躲避坦克艙內的汙濁空氣與環境，遠眺母親島沉默不語的聖山，料羅灣的潮聲依然，倚憑著護纜，想像隔著山那邊山腳下、水岸邊的媽媽在做什麼呢？那種感覺夾雜著憂傷和依戀。可能是為了安全緣故，橫渡海峽通常都是夜航較多，如果運氣好風浪平靜又遇上有月光的話，無論在外海待命或向臺灣航行，那都會是一個比較令人愉快的夜晚。三五好友可以席地坐在冰涼的甲板上談天說地、賞月、看著船身劃破平靜的海水前航，波光粼粼。甚至獨自默默眺望太武山逐漸遠去模糊的山影，讓濃郁的鄉愁，在胸臆間汩汩地流動。詩人余光中在「鄉愁四韻」裡寫到「而現在，鄉愁是一灣淺淺的海峽，我在這頭，大陸在那頭。」金門鄉籍作曲家暨詩人李子恆賦詩「月光海峽」，道盡那一代金門人的思緒與無奈，一樣的海峽，同樣的月光，不一樣的鄉愁，而這種鄉愁，唯有在那個苦難年代、寂寞的海上，尤其是歷經煎熬、月涼似水的夜航，才更耐人咀嚼。

黑水溝的濁浪

澎湖海溝，因為水深莫測、海象特殊，湧浪變化極大，海水呈現暗黑色，故稱黑水溝。正因該水域險惡，橫渡困難，自古以來海難頻傳，夙為旅人與討海人所畏懼。先民出洋落番或渡海來臺，有「六亡三在一回頭」的俗諺，足見其凶險。

航渡海峽風平浪靜的好運不多。夏季搭船經過黑水溝，已可感受其湧浪造成的顛簸，冬天航渡，更是一種痛苦的經驗，而搭平底的登陸艦尤其令人難以忘懷。一般狀況，風力達到七級，或浪高達到六至十呎，海軍二、三級艦艇即不適合出海，以策安全。但年節期間，為了輸運外島官兵返臺休假、金門鄉親返鄉過年的人潮，海軍官兵以服從為天職，經常冒著九級以上風浪啟航，搏命出海，頂著狂風巨浪執行任務。休假官兵及鄉親渴望與家人團聚的願望，戰勝對危險的恐懼，尤其在那個時代，能及時擠上船班，踏上歸鄉之路已是萬幸，事實上也沒有其他選擇。我曾多次親身體會這種艱險的旅程，航渡海峽，茫茫大海中，原本眼中碩大的船體，在黝黑、洶湧急撲而來的巨浪裡，渺小得有如一片隨波漂流、茫然無助的枯葉，勉力掙扎著奮力前行，只見船頭無奈的隨著湧浪下沉仰起、仰起下沉，船身忽而傾沒於浪谷，忽而又高擎於浪尖，船尾推進器車葉時而沒入浪濤，時而懸空浮出水面，嘎嘎打空的巨響，讓人膽戰心驚。而除了值班的海軍官兵必須忍住暈船的痛苦，堅守崗位外，大部分的乘客幾乎都攤臥在坦克艙或原本棲身的地方，不敢動彈，原有的喧囂嘈雜，變成一片死寂，只聽見三不五時出現的嘔吐聲與痛苦的呻吟，在空曠的船艙內迴響。有些人不得已要解決生理問題，勉強起身，也是歪歪倒倒、滿臉痛苦表情，甚至是邊走邊吐，一身狼狽不堪。我一位遠房親戚，每年寒假返鄉搭登陸艦，都吐得一塌糊塗，有時連青色的膽汁都吐出來了，回到金門，他發誓再也不去臺灣了，到了臺灣，又誓言絕對不回金門，但為了生計或就學以及故鄉親情的呼喚，使自己像定期遷徙的候鳥，最終還是不得不克服暈船的畏懼，繼續走上那種痛苦輪迴，每年一次暈船繼之「暈山」的陣痛，變成揮之不去的夢魘，直到臺金空中民航開放才得解脫。

高雄港的燈火

搭登陸艦一過海峽中線，護航的陽字號驅逐艦便會加速脫離，代表航程已經超過一半，我們正逐步接近目的地－高雄港。為了保密或其他原因，登陸艦一般會控制速度，在夜間進港。假如風浪不是很大，天候狀況許可，大部分的乘客會爬上甲板，以期盼的心情，等著看高雄港的燈火。船隻繼續前行，有時在廣闊的海平面上，會突然升起一盞模糊的燈光，引來「高雄海岸接近」的驚呼或猜測，但隨著距離拉近，才發現那是閃爍的漁火或輪船的照明，難免一幅失落的表情。其實接近高雄港時，漆黑的夜幕，會先出現壽山微弱的燈光，隨後是高雄港防波堤的警示燈塔，跟著船隻逐漸接近，壽山與旗津海岸閃爍的燈光，才會緩緩從海平面浮現，由遠而近，由模糊漸趨清晰，壽山的山影慢慢浮現，山徑的路燈像纏繞在腰際的閃亮串珠，發出暈黃的燈光，我們知道高雄近了！當船上的吹笛響起，擴音器廣播：「全船完成進出港部署！」即使是暈船的人，也會開始整理儀容，掙扎著爬上甲板，看登陸艦由領港船前導，緩緩駛進航道，靠向碼頭，撲鼻而來的是濃濃的重油味，以及混雜莫名令人作嘔的氣味，高雄港周邊市區的霓虹燈則展現她妖豔迷人的姿色，那種情況，跟島鄉入夜後燈火管制、全島一片漆黑，是截然不同的反差，一道海峽兩個世界，你會迷惑於不知何者才算正常？

十三號碼頭近了，靠岸的氣笛尖銳響起，終於解脫的興奮戰勝思鄉的落寞，由艙面到艙底，所有的旅客開始騷動，呼喚親朋的聲音此起彼落，一趟艱辛的旅程終將平安落幕。

十三號碼頭的離散

船隻靠岸了，十三號碼頭燈火通明，碼頭內有一排升火待發的軍用卡車，指揮的哨音和擴音器吵雜，船上的軍民混雜在一起，唯恐碼頭外的親人或友朋久等，都忙不迭地往艙面的出口擠，但在引導下，秩序大致良好。下了船，按規定都要搭軍卡離開碼頭，無論你是到碼頭外或去火車站，因為目的地不同，就此道別。

碼頭外，人聲鼎沸，等待親友的人車都擠在港區的出口，每個人都是翹首引領、焦急的向四處張望，唯恐漏失了要接的對象。載人的卡車魚貫駛出碼頭，有的揚長而去，直奔車站，有的在碼頭外停車放人，此時展開的又是一場尋人遊戲，所幸區域不大，最終總是可以接上的，但在那個沒有嗶嗶扣和手機的年代，在夜色濛濃、人群混雜的狀況裡找人，還真是不容易呢！揮手自茲去，歷經一天一夜的痛苦旅程終於劃下句點，但對絕大多數金門人來說，就像薛佛希斯的痛苦輪迴一樣，或許這又是另一個輪迴的開始，無論它相隔多久！

附記：相隔時間久遠，有些過程的記憶已經模糊，描述或有失真，但其艱辛應該遠勝個人記憶所及。有人說失憶是幸福的，但我卻認為結了瘢的傷痕，撫摸起來，別有一種特別的感受，痛或不痛已經不重要了。

紅眠床

我愛紅眠床。引人發思古幽情的傳統老式紅眠床，實木精雕、典雅美麗又實用，現在幾乎都成了古董；最近我買了兩張古董紅眠床，兒時紅眠床的美好意象，在心頭油然生起。

兒時在家鄉金門，一般閩式建築大房間睡的都是紅眠床，但幾十年來隨著社會變遷與空間運用觀念的改變，紅眠床漸漸被各式各樣的西式床組取代，現在的年輕人除了到懷舊的民宿，恐怕很難有機會睡睡紅眠床，體會其中況味。

「紅眠床」即所謂「架子床」，因為這種床大多漆成朱紅色，而且「紅眠」與閩南語的「安眠」發音相似，有期盼睡眠安逸舒適之意，所以民間一般通稱為「紅眠床」。紅眠床的基本構造，是由兩組床架、八根床腳組合而成，故又俗稱「八腳眠床」。紅眠床的床榻上，三面有床架或床板圍起，四角立柱略向內傾，俾使蚊帳得以密閉，床內側上方有格架抽屜，上有頂棚，頂下四周通常還有橫楣。紅眠床一般材質為樟木、杉木或茄冬木，較高級的則用肖楠、檜木、檀木、紅木或烏心石製成，床的設計雕刻繁簡不一，但多為麒麟送子、龍鳳呈祥及牡丹富貴等圖案，箇中涵義不僅是裝飾、美觀，更包含著製作者滿滿的期盼與祝福。

近來返鄉興建於榮湖畔的家族故事館——思源第，歷經諸多波折，終於接近完工，刻正進行內部裝修中。為了搭配整體閩南式建築的調性，塑造古典懷舊的特色，我在網路上尋尋覓覓、又遠赴中壢現場勘察，終於挑選了兩張古式的老眠床，一張是肖楠材質的河洛式眠床，另一張則是檜木所製的客家式樣老床，正合我意，立即通知當時在美的太座，返臺次日即刻再去一趟，更感謝太座成全，大手筆買下，送回金門，一圓我的紅眠床之夢。

典藏這兩張紅眠床的柳老闆，大學及碩士班都研究美術，是來臺第五代的陝西人。他為我們做了這兩張紅眠床詳盡的背景介紹：河洛式老眠床是肖楠木造，色澤較深，購自臺北大稻埕的茶商，是富裕人家雍容華麗的好眠床；整張床有完整的吊櫃和密實精美的雕飾，四面還有鑲嵌在床架木雕裡的玻璃彩繪，是日本畫師的工藝，畫著仕女賞櫻的圖像，粉彩歷經數十年，依然鮮豔如昔，現在已經很少見到了，依這張床的工法與風格判斷，應該是一九二〇年代日據時代的作品吧。

而客家式的眠床，是檜木造，色澤較淺，係一新竹富商因家中重新裝潢而割愛，這張床清麗細緻，頗有仕紳儒風，一如客家人的個性，簡約樸實，但在線條、作工簡單的木架上，仍然處處可見用心精緻的雕刻，尤其床腳的幼獅木雕，栩栩如生，更是特色，據說床的女主人必須是「原配」，才有資格在床腳雕刻獅子呢！我是藝術的門外漢，無法精準瞭解木雕雕工是否精細，也不太在意它的價值如何，但不可否認，我從小對古式紅眠床的確有著一份濃濃的感情，見了就喜愛。

身為么兒，我在小學畢業前一直都是跟娘親睡的，我們的房間在老雙落大廳的左後方，空間非常狹窄，僅容一張床和梳妝台，而那張床就是閩南式的木製眠床。因為年代久遠，我不記得也不瞭解那張床到底是什麼材質，只記得是深咖啡色或者是朱紅色日久黯沉，床組很簡單，雖然有一些裝飾性的雕飾，但並不華麗，而印象最深刻的，是床鋪內側上方有一排吊櫃，吊櫃上放著兩隻旅行用的皮箱和雜物，我一些較寶貝的小紀念品，譬如出生滿月時外婆送的的小虎帽和據說可以驅邪的虎牙等等，都被娘親細心的收納在吊櫃的抽屜裡，那裡是我童年時的祕密藏寶庫，除了娘親和我，大概沒有人知道床上藏了什麼「寶物」。

娘親在生前經常會回憶八二三炮戰期間，全家大多數成員都避走山外湖前，僅有她帶著快滿五歲的我留守家園，在烽火連天、砲聲咻咻的日子裡，除了躲砲擊，娘親還得在砲聲的間隙，揹著我做家事，或到離家不遠的田裡做農事，但有時匪砲來得又急又快，已無法及時躲進黃卓彬洋樓東側土釁的窯洞，只有緊急抱著我鑽進眠床底下，瑟縮聽著周邊此起彼落尖銳的爆炸聲、砲彈破片飛散劃破空氣的嘶叫聲、還有砲擊泥土翻覆、樹木傾倒的轟然巨響，生與死全捏在彈著的機率和死神的慈悲裡，那瞬間，紅眠床成了我們母子倆惟一可倚靠的庇護所。對於當時情景，我年幼，已不復記憶，但紅眠床確確實實見證了我與娘親共同經歷那段生死歲月，以及那一代金門人共同走過的苦難生命時空。

我們黃家是個大家庭，人丁旺盛，老雙落住來極為侷促。我作功課通常都用眠床旁那方小小的梳妝台，娘親忙完農事或家事，便會回到房間倚在床柱小歇，並且專注的看著我寫作業，殷切的叮嚀我一些做人處世的道理，她最常說的話是：「做人要有志氣，要讓人看得起！」、「虎死留皮，人死留名。」、「汝若有志氣、有成就，父母坌汝好名聲；汝若作匪類，祖公啊也見笑。」娘不識字，也不會講很深奧的道理，但從她的語氣和神情，我瞭解她的想法和期望，時隔五十餘年，但娘親在燭光搖曳下對我耳提面命的堅毅身影，依然深深銘刻在我心深處，我堅定的告訴自己：縱然不能功成名就以顯揚父母，但也不可身敗名裂使至親、祖上蒙羞！

娘親過世時，我由鳳山返金匍匐奔喪，回到家時已經入殮蓋棺，她的房間已清除殆盡，那張紅眠床也被拆走了，娘親幫我珍藏在吊櫃裡的童少「寶貝」，當然更是無跡可尋！看著內子長年幫三個兒女有計畫收藏的成長紀錄，從出生證明、幼稚園的每一張塗鴉，到各階段週記、高中作文老師的評語，及每張註明時間地點的照片，一本本完整堆疊收藏著，真是美好又幸福。回頭細思自己數十年前珍藏在眠床吊櫃裡的東西，不禁黯然神傷，兒時邈遠，娘親更作古杳然久矣。

是啊！在紅眠床裡被塵封的，可能是隻字片語的資料或不值錢的物品，但其中蘊含的，卻是無盡的母愛。我的孩子們可以從他們母親的收藏裡，毫不費力尋獲童年的點點滴滴，而我大概只能從紅眠床去撿拾日漸消逝的年少記憶吧！

寫於二〇一五年母親節前

「食」在有情，念故鄉

人生短短數十寒暑，「吃喝」是維繫生命不可或缺的途徑之一，有些人甚至將「美食」視為人生一大享受。然而，吃喝，難道就僅止於有形物質的攝取嗎？問題恐怕沒有那麼簡單，我認為：**吃喝有時候更會是一種歲月的咀嚼、親情的思念和鄉愁的反芻……**。

之一：金門糕仔

清明節，金門老家託人帶來一盒祭拜應景的「糕仔」，土黃色、菱形塊狀、正面蓋有紅印子，很傳統，土味十足，是金門人配茶或單吃的常見小點心。

這些年來，因為家中兩女出嫁、小兒子當兵，人丁稀少，僅剩我與老妻倆人在家，實在無法「消化」這家鄉美味茶點。我建議內人，帶到學校請同事幫忙吃，她卻說，糕仔不符年輕人口味，往昔「推銷」效果不彰，有些都放到壞掉了。因著老妻不願帶到學校去請客，這一整盒糕仔便一直放在餐桌旁的小椅子上，我下班時三不五時吃一塊，但消滅速度仍然有限，眼看賞味期限將屆，老妻有意丟棄，我心有不捨，便帶回辦公室放進冰箱，自己有空再吃吧。後來，上班時偶爾掰一小塊來吃，然而吃著吃著，隨著水份蒸發，糕仔越來越硬，根本咬不動了，連撕碎成一小塊一小塊泡熱水來吃都很困難。因為處理不易且又費時「搞工」，這幾塊糕仔便從清明以迄秋冬，都佔據我辦公室冰箱的一角，打掃的孟嫂勸丟多次，我一再延宕，始終不忍捨棄。

這種金門清明應景的糕仔，是大麥粉加糖調和，放進蒸籠去蒸，蒸熟以後，再切成菱形小塊，最後點上紅色的吉祥印記，古樸又可口。剛蒸好的糕仔鬆軟容易入口，後來便會越來越硬，的確不好吃。其實，這種糕仔，是島鄉窮困年代的庶民小吃，並不精緻；而且製作過程裡，大麥在磨粉前要先炒過，據說多吃容易上火。現在的孩童零食精緻選項多元，對這些阿公阿嬤級的糕點，自然是興趣缺缺；然而我對糕仔卻由無從選擇的「不得不吃」，到後來細細品嘗「吃出真味」了。

我因牙齒不好、體質燥熱，從小就不喜歡吃糕仔，但在那物資貧乏的時期，哪有什麼選擇啊?糕仔是嘴空、肚子餓,不得不吃的。但近半世紀前,我離開家鄉,赴臺讀高中、投身軍旅,以迄結婚生子,每回只要是娘親、大姊、大哥或其他家人寄來金門糕仔,我都會勉力把它吃完。因為在細嚼慢嚥中,咀嚼的已經不是食物,而是細細回味那一去不返的童年艱辛歲月,更是沉澱在腦海裡的鄉愁,與縈繞心田的親情了。

金門家鄉美食

之二:印尼咖啡

近十年來臺灣人流行喝咖啡,而且非常講究,無論是拿鐵的香醇、卡布其諾的狂野,摩卡的順口、冰滴咖啡的細緻,以及義式濃縮咖啡的迷人,都有許多死忠的擁護者。我也喝咖啡,但是喝的卻是從印尼帶回來的三合一沖泡咖啡。雖然族兄「碧利咖啡」重慶兄經常送我他精心烘焙的高檔咖啡，辦公室也備有招待來客的咖啡機，但我還是喜歡喝自己沖泡的簡易咖啡包，為此還被士校老同事鳳珠嘲笑太沒品味，殊不知，此中另有「隱情」。

家族在印尼有自己的咖啡園，也有合作的咖啡製造商。每年我和內人帶著孩子們到雅加達探望年邁的雙親，返臺前夕，老人家總會準備了很多當地的土產：除了有整箱的印尼咖啡包，還有牛油千層糕、手工蛋捲、椰漿、糕點、茶葉等等，忙著裝箱，如發現還有空隙，更會塞進一些自家產製的咖啡包，老人家要我攜回臺北自用或贈送親友。

每次返回臺灣，印尼咖啡與土產便是我家的最佳伴手禮，致贈親友之餘，我總會留下幾包帶回辦公室，在公務之餘、家事煩心或情緒低落時，用茶杯沖泡一杯，獨自在辦公桌前坐下來，一口一口慢慢地喝，仰頭想著當年顛沛流離落番的先祖，遠方的至親，父親大人出洋奮鬥七十載，胼手胝足、歷盡風浪、創業安家，現在正是雲淡風輕，安心品味咖啡裡的苦澀與香醇的時候，滿心感恩與慶幸。我喝著自家的印尼咖啡，甘醇的咖啡讓思緒也逐步的沉靜穩定下來，此時我所啜飲的，已經不是一杯尋常的三合一咖啡，而是遠方親人的關懷與期許，更是祖先冒險犯難、堅毅不拔血脈的澆灌，印尼咖啡可以讓我重新找到奮鬥的力量與勇氣。

這是個人多年來自我療癒的秘方，只有我自己知道。印尼咖啡了解我！

金門童年記趣之「菸與狗」

金門是我的故鄉，自幼生於斯、長於斯，雙落老宅、田園池塘、市街校園、壕溝防空洞、家人親友耆老與阿兵哥，就是我的天、我的地，我足跡能及的全世界，直到沙中畢業，才離金負笈臺灣，就讀省岡中與官校，乃至從軍；雖說而今已兩鬢飛霜，旅外時間遠長於居鄉數倍之多，但從童稚到青澀少年，那段生命起始的黃金歲月，卻始終是我記憶深處，最難以忘懷的年代之一。

閒談憶舊，懷想往事，金門家鄉的一草一木、故舊人物、鄉里事件，常縈我懷，且歷歷分明，如在眼前；每與孩子們說起半世紀前的「金門童年故事」，兒女都瞠目結舌，大表驚奇。特將這些一九六〇年代的老故事，一一記述存念，以為明證並作分享。

之一、與菸絕緣

我這輩子只抽過一次菸，也是唯一的一次。從那次以後，即使再大的誘惑，再「艱困」的環境，或被激將、被嘲弄訕笑，我也都能不動如山，堅拒再抽。

還記得官校三年級時，校長是秦祖熙中將，開放學生抽菸，每人每月可以配發五包「國光牌」香菸的菸票，學生抽菸是合乎校規的，因此校園內學生抽菸的風氣很盛。記得當年我們寢室一間十二人，全寢室只有我一個人不抽菸，就寢前全寢室人手一菸，抽成一片，煙霧迷漫，但我堅持不抽就是不抽，同學都認為我是金門來的怪胎，被老共的砲彈把腦子打呆了。我出身參三（業務是作戰、訓練、編裝、隊史⋯等等），也是參三極少數不抽菸的異數，即使一室參三老前輩吞雲吐霧，個人仍然可以怡然自得、不受影響。是我意志力異於常人嗎？還是身懷絕技足以堅壁清野？其實都不是，而是受到一段特殊際遇的影響，讓我從此戒菸！

我小學低年級時（一九六〇左右），住家老雙落隔壁的黃卓彬洋樓駐紮著一隊海龍蛙兵，帶隊官是一位身裁魁梧、皮膚黝黑、沉默寡言的軍官，搞不清楚是中校還是上校，因為他經年都是裸裎上身，手腕戴著一只碩大的潛水錶，下半身僅穿一條紅短褲，即使嚴冬，也只是披上一件繡著骷髏頭隊標的夾克，蛙兵們都恭敬的管他叫隊長。隊長每天早晚吃過飯的休息時間，都會坐在洋樓迴向屋簷下的一張大藤椅上，一邊仰頭看著天際，若有所思，一邊則抽著不知廠牌的香菸，邊抽邊朝上吐出一圈圈的菸圈，看著菸圈冉冉升空，極為神奇，用現在的流行語來說，那簡直是「酷斃了」！

隊長很少跟我們這群小孩兒互動，也不在意我們盯著看他抽菸吐菸圈，即使我們在一旁吱吱喳喳說著話，他還是靜默的坐著，不應聲。有一天我放學後，又碰上隊長坐在藤椅上抽菸，我蹲在離他頗遠的地方，觀察他吞雲吐霧，目不轉睛地看著他嘟嘴吐出菸圈兒，一圈圈的白菸順著頭仰著的角度，冉冉向上飄散，菸圈兒像列隊的士兵走著走著又解散了。此時，隊長發現在遠處專注看菸圈變化的我，他吐了口菸，招招手，要我過去。隊長用右手中指、食指夾著半截香菸，左手依著椅背，對我說：「小鬼，好玩嗎？要不要學學？」一時間經不起好奇心的誘惑，我點點頭。於是，他不慌不忙的從褲子口袋的菸盒裡掏出另一枝香菸，點燃後遞給我，要我跟著他做動作，他先將香菸含在嘴唇猛吸一口，催促我也大口吸菸，待我依樣畫葫蘆猛吸一口香菸後，說時遲那時快，只見他一個箭步趨前，用大手掌摀住我的口鼻，猝不及防，我根本來不及反應。剎時間，香菸從我的眼睛、耳朵竄出，嗆得我眼淚、鼻涕直流！苦哇！在一旁看熱鬧的幾位蛙兵見狀哄堂大笑，當時我窘態畢露，恨不得有個地洞可以立刻鑽進去，乃不顧一切急忙掙脫狂奔回家。

經過海龍隊長這場點菸震撼教育後，我從此成為香菸的絕緣體，終生與菸絕緣。人生啊，有些看似細微、無足輕重的小事或經驗，卻可能影響你一生的習慣和想法。吸菸未必全然是壞事，但不抽菸應該會使生活更簡單一些吧。感謝那位不知名的海龍蛙兵隊長！

之二、士官長屠狗

小時候，在戰地金門，軍隊並非住在營區，而是分散到空置的民宅，甚至人丁較少的村落住家。我家隔壁的黃卓彬洋樓，就曾經駐紮過團、營級指揮部、兩棲部隊、通信部隊和軍號集訓班等單位，還有野戰醫院。而早期的部隊成員，地域色彩濃厚，故有所謂「廣東部隊」、「四川部隊」、「山東部隊」……等等。要辨別是那一省的部隊，除了聽官兵講話口音，還可以從飲食習慣加以區別，如湖南、四川人喜歡吃辣椒；山東人好以大葱佐餐，喜歡麵食；老廣來了，當然是趕緊把家裡的狗關起來，以免變成他們補充蛋白質的盤中飧。

早年部隊吃狗肉並不罕見，狗肉來源有自己豢養的，也有就地取材的。新來乍到的部隊，當然只有就地取材、因補於「金」囉！我曾親眼目睹老廣士官長殺狗的過程，至今時逾五十餘年，依然印象深刻，想到就不自覺「熱血」起來。

記得廣東士官長準備殺狗當天，第一個步驟是先捕狗，捕捉的優先順序是「一黑二黃三花四白」。士官長會牽來一條發情的母狗，沿著村莊周邊繞一圈，接著就會有一群公狗尾隨跟著過來，甚至在路上這群公狗就相互狂吠叫囂，士官長目不斜視，不予理會，仍舊不疾不徐的牽著母狗走著，最後將母狗牽進駐地的民宅，綁在後進的柱子上，士官長假裝離開，人走了，此時大門洞開，其實門後已經埋伏了兩個士兵助手。公狗群在屋外的大埕上經過一陣撕咬追逐，最後勝出的公狗神氣的跑到民宅大門口，向內張望，只見母狗不見人影，起初尚有一絲猶豫，不敢長驅直入，磨磨蹭蹭，忽而前進兩步、忽而又後退一步，公狗就在大門口逡巡不前。我們幾個躲在一旁好奇偷窺的小鬼心有不忍，悄悄用小石頭朝公狗丟去，希望能驅離那隻色慾薰心的傻狗，不意牠毫不領情，還齜牙咧嘴大聲狂吠，警告我們不要破壞牠的好事。或許是母狗的費洛蒙（Pheromone）影響了公狗原本敏銳的嗅覺，使其無法察覺躲在門後的人類；抑或是公狗色膽包天，無視可能存在的危機，最後這隻公狗終於忍不住，以勝利者之姿昂首衝進屋內，說時遲那時快，原本靜止的兩扇門「咻」一聲，似一陣強風立即掩上，迅疾夾住公狗身子，這時先前轉進門後的士官長，一個箭步上前，快速揮起手中的棒子，「砰」一棒打在狗鼻子上，只聽狗兒一聲悶吭，瞬間公狗已經癱軟在地板上。

至於後續士官長如何屠宰及烹煮狗肉的過程，有一套完整的作業流程（燭燒去毛、宰、剁、燉……），我也在一旁目睹見證，但且就此略過不表，以免愛狗人士抗議。童年看士官長屠狗，給我的警惕是：「利之所在，禍之所依」，強大的誘惑背後，恐怕多半隱藏著不可測的危機。任何事情當局者迷旁觀者清；公狗最後的結局，你我都洞若觀火，但當事者就是不清楚啊！不要笑狗兒好傻，其實人性狗性相差者幾稀矣！

老街上的蓮霧樹

沙美老街上有棵百年老樹，一棵來自異鄉的蓮霧樹，卻是一條街人們的共同記憶。這棵樹，與沙美幾個世代的鄉親，一起度過無數的晨光和夕照，看盡百年來小鎮曾經走過的繁華與寥落。而今，它被連根拔起移植他地，是不是代表著沙美老街的昔日風華，已經完全走入了歷史，徒留人們無限的感慨與愁悵？

我的老家住在榮湖畔的後浦頭聚落，隔著窄小雙線道的環島東路，毗鄰沙美。沙美是金門東半島一個純樸的小鎮，因位於金沙溪出海口，舊稱「沙尾」或「砂尾」，昔日往返金廈的舟楫帆船可以航抵今天的榮湖一帶，是金東地區最重要的市集所在。

根據文獻記載，沙美市街的形成，最早可溯至元代，也有說是宋代或清道光年間成型，與金城模範街、舊金城明朝老街並稱「金門三大老街」。她的商業發展，在民國四十七年（一九五八）「八二三砲戰」發生前達到巔峰，嗣後砲戰爆發，守軍遭到蓮河與圍頭共軍火砲的重大傷害，側背深受威脅，砲戰結束後，兵力部署實施調整，駐軍急遽減少，加上鄰近有陽宅（現稱陽翟）市集興起，遠有山外新市加入競爭，沙美生意大受影響，逐漸失去金門東半島經濟龍頭的地位。

青少年時期，沙美幾乎就是我的生活重心所在。家父與人共同經營的雜貨店、金飾店、肉舖、壽材行和計程車行，以及大姊經營的「協發布莊」、「珊豐飼料行」都在沙美街上，我們家還是金沙戲院的股東。三叔上班的鎮公所在沙美老街，我中、小學母校在沙美，生病時看醫生要到沙美街上向尤季蟠、尤叔璉伯伯的診所報到，同學、好友們也大多住在沙美，因此在我生命的記憶裡，沙美是很難割捨的一部分。而其中在沙美老街的一棵百年老蓮霧樹，更是時時縈繞在我腦海中，跟我的青少年記憶緊密鍊結在一起。

年少時出入沙美，起初活動的範圍大多在三民路、信義路週遭的老街，國中以後，才轉移到博愛街的新店。小學時，父親與聯陞兄合夥開的雜貨店在老街上，店名「金協成」，距離鎮公所洋樓只有幾步之遙，囤儲貨物的「棧間」（庫房），也在老街三民路四十六巷一棟兩層樓的屋子。父親還與人在同一條街上合資開了金飾店和木材行，算是最早的多角化經營者吧。

負笈臺灣以前，假日或課餘時間，我都被分派到雜貨店幫忙，尤其年節特別忙碌時，更是跑不掉。我所做的大多是一些打雜的粗活，譬如到棧間搬貨物補貨到貨架上，或是用手推車送貨到街口和車站給顧客，以及船運貨到的日子，幫忙清點項量、分門別類整理並搬運入庫。我練就一手三分鐘內以繩索綁好一打「五加皮」、「紅露」或「黃高粱」等酒類的絕活，便是在那段時間學會的。那時我最討厭的工作，是夏天扛麻布袋裝的粗鹽、二級沙糖和竹製簍筐裝的木炭，一趟下來，鹽滷、糖水、炭屑與汗水齊流，全身烏漆嘛黑、黏兮兮的，非常難受。

印象裡雜貨店所在的沙美老街，街道狹長，最寬的地方，僅容一輛小貨車通行，最窄處只有兩公尺多，以石板鋪成，底下是下水道，街道兩旁店屋，多係上有夾層（家鄉俗稱「半樓仔」）混合閩式與洋樓元素的建築，店門係由一片片的門板連接拼裝起來，各店面彼此相連並設有騎樓，街道交錯像迷宮一般，俗稱「八卦街」。每逢過年過節，各商家貨物擺得滿滿的，幾乎都延伸到街道兩側，整條街人聲鼎沸，擠滿購物人潮。尤其過年時，金東師各部隊的舞龍舞獅團都會到街上表演、拜年，穿著新衣圍觀的人群、鞭炮硝煙與鑼鼓喧天，交織而成那種真正過年感覺的「小確幸」，曾在砲火威脅下生活的鄉親，恐怕是很難忘懷的。

老街上，除了雜貨店，還有理髮廳、中藥鋪、佛俱行、金飾店、布莊、饅頭包子店、麵線麵條店……等各類商店。傳說故總統蔣經國先生在國防部長任內視導金門防務，經常輕車簡從光顧沙美有名的扁食店，也在老街上。我比較熟悉而常去的地方，包括黑仔叔的理髮店、奕忠家的源珍餅店、阿狗仔家的長合餅舖（去買剛出爐的「卡車餅」），浩然和瓊珊家的書店、隔壁世雄叔的雜貨店，以及到雲生或加進叔家的小閣樓去看漫畫與偵探小說，當然還有一家我經常流連忘返、站著看武俠小說或漫畫的租書店（站著翻閱不必付租金，但是在書店老闆銳利眼光的掃射下，有著被告狀與道德虧欠的雙重壓力）。

我在「金協成」老店（位於三民路的老街）幫忙照顧雜貨店時的沙美，還沒有自來水，店裡用水都是到對街汶浦長二房族親雨水叔公家去打井水，一天通常要跑很多趟。他們家雖然位居鬧市，但有一個相對寬敞的中庭，石板和紅磚舖設的院落，刷洗得非常整潔，整個環境顯得靜謐而清幽。而讓我印象極為深刻、歷經五十幾年仍然無法忘記的，是庭院井邊有一株少見而高大的闊葉樹，經年濃蔭翠綠，沒有金門到處可見的木麻黃那麼粗糙與蕭瑟，也不像相思樹容易長毛毛蟲，在炎炎夏日裡特別讓人感覺涼爽舒暢，那是我第一次與蓮霧樹的邂逅：清涼舒爽、綠意盎然的蓮霧樹。

每次去雨水叔公家打水，我會順便到蓮霧樹下稍事停留，族親的長輩會跟其他不熟識的人介紹說：「這是歲仔的後生！」如果剛好蓮霧結果，嬸婆或其他的長輩就會順手摘幾粒給我，那也是我畢生第一次吃到蓮霧，果實的顏色介於淺綠與粉紅色，口感清脆，箇中味道酸甜都很輕淡。民國五十八年我離開家鄉到了臺灣以後，吃遍臺灣及海外各地的蓮霧，包含林邊的「黑珍珠」、里港的「黑鑽石」，甚至雅加達、新加坡等地的水蓊（當地的俗稱），都找不回那種輕輕淡淡的酸甜滋味——記憶中沙美老街蓮霧樹的味道。

蓮霧樹原產於馬來半島，在馬來西亞、印尼、菲律賓、臺灣普遍培植，是一種生長於熱帶的水果。在金門並不多見，而像沙美老街這麼高大、樹齡長達百餘年的蓮霧樹，恐怕是絕無僅有了！這棵本應生長在熱帶的果樹，如何流落到戰亂頻仍、貧瘠窮困的島鄉小鎮，詳情恐難查考。唯據雨水公裔孫獻宏稱：清明時節，他們必須由臺北赴新竹，替清代的遠祖掃墓，又說：「這棵蓮霧應該是有清一代的祖先，由臺灣攜返金門所種植。」

我心生好奇，經查證相關文獻暨族譜記載：臺灣的蓮霧是十七世紀由荷蘭人引進，而我們汶浦長二房先人渡黑水溝赴臺開拓，最早之記錄為十三世之宣伯公（族譜記載：「伯公卒於清嘉慶十五年，葬臺灣竹塹豆子埔」）及宣疊公（族譜記載：「疊公生於清乾隆三十四年，卒於嘉慶年間，葬在臺灣」），這也是汶浦祖先赴臺之最早記錄。獻宏的直系十三世祖宣潭公，與宣疊公為親兄弟（宣潭公為允棋公八子，宣疊公為允棋公九子），族譜雖未記載宣潭公赴臺，但亦無其在金墓葬資料（按族譜撰寫體例，應該記載其墓葬位置、坐向等資料，方便後裔掃墓和祭拜），其後嗣超嫌公、良意公、水來公，甚至雨水公，記錄均極簡略，個人研判應係當年臺金為黑水溝（臺灣海峽）阻隔，交通與通信困難，傳回家鄉之音訊極為有限之故。但揆諸汶浦長二房歷代在臺繁衍發展狀況，宣潭公本人或其族親、後代於嘉慶、道光以後，利用返回家鄉的時候，將這棵蓮霧樹由臺灣移植金門，應屬信而有徵。如此推算，這棵老蓮霧樹扎根在浯洲大地，應該是歷經一百五十年以上歲月的老樹了！

隨著金門經濟重心移往山外新市及金城，沙美的市集中心轉往沙美車站與金沙戲院週邊的博愛街，沙美老街便已經漸漸沒落了，我們的雜貨店也在我國中時遷到博愛街口，後來因為父親赴臺經營臺金航運與建築業，便將「金協成」完全盤頂予聯陞兄。國中畢業後，我赴臺讀書，嗣後投身軍旅，四處飄泊，返鄉的時間有限，即使回到金門，到老街去探望長輩與老友，也是匆匆忙忙，未能久留，但看到老街逐年冷清、寥落的情景，確實是每下愈況。

近十幾年來，因為國軍軍事戰略轉變，金門由「反攻大陸的跳板」轉為「防衛固守的前哨」，駐軍急遽減少，島鄉的經濟大受影響，沙美的生意更是一落千丈，老街當然更加蕭條。街上許多建築因產權、繼承與管理問題，隨著時光遷逝而加速崩塌、頹廢，大部分已窳陋閒置無法居住。而老樹所在的閩南古厝隨著女主人的逝世，也逐步傾圮、破落。老蓮霧歷經了小鎮的繁榮與沒落，在老街繁華落盡以後，也漸漸喪失了它原有的生機盎然。屋主心有不忍，歷經考慮，遂慨然捐贈縣政府，移植到耗費大量公帑復建的燕南書院。據鄉親轉述移植當天的狀況：因為蓮霧樹高大碩壯，縣府必須動用大型的吊車，費了九牛二虎之力，才將老樹「請」離它扎根生長百餘年的老家，起重轉移時勞師動眾、工程浩大，圍觀的鄉親極多，看著老樹連根拔起，移往外地，很多人深感不捨，甚至淚眼相送、不勝唏噓，是不捨這位「他鄉即故鄉」的百年老友行將道別遠離嗎？還是感傷沙美老街的風華，也將隨著老樹的遷移而一去不返呢？

鄉籍詩人吳承明老師，生前繫念沙美老街，希望儘速搶救使其風華再現，但詩人的「金門大夢」遺願，隨著蓮霧老樹的移植，恐怕是越來越遙遠了。但我認為危機即轉機，年底縣長與鄉鎮、村里長，各級民意代表選舉，期盼金沙鎮的鄉親善用自己的選票，選出熱心，有執行力、具體計畫與決心，對沙美老街懷抱感情與使命感的地方首長及民意代表，能夠提出實質保證，以實際的行動，跟時間賽跑，落實搶救老街的宏圖大計，不要讓它變成另一個口惠而實不至的「選舉浮橋」。也希望老樹的身影，繼續與我們同在，化為實踐「金門大夢」的動力，勠力同心重現沙美老街昔日風貌，如此，則金門幸甚，沙美幸甚，老街大幸！相信已然遷徙的老蓮霧樹與九泉下的吳老師，也當欣慰含笑！

我們可以失去老樹，卻不能喪失記憶，我們搶救老街，不僅僅是為了搶修、保護那些逐漸傾倒、廢棄的屋宇，而是找回歷代先人走過的痕跡，確保我們生命長河的源頭不至於枯竭。

再見！木麻黃

在這風吹不息的雨夜，我看著搖曳的樹枝，想到萬有的偉大。

泰戈爾《漂鳥集》

許多樹木在人們的記憶中都有故事，樹和人的感情也不是淡淡的單純，樹和人之間也有愛啊。

作家愛亞《黃花風鈴木》

少小離家，老大未回。從金門到臺灣，由南到北，本島離島，四處飄泊，或部隊駐紮、或行軍訓練，走過許許多多的地方，我在體嘗各地不同的風土人情之餘，對各地的「樹」興味尤濃，總留下深刻印象，也從中獲得許多啟示。

樹，就在身邊、在眼前，總與人相隨相伴；無論是家鄉的雀榕、木麻黃、苦棟，或異地的白水木、鳳凰樹、美人樹及相思樹，它們的故事，都在我生命的各個階段，靜默而堅定的提示我一些人生哲理，樹樹皆具情味。

從小我就認識一種樹，那種樹據說來自遙遠的澳洲，不是金門的原生樹種，但被引進島鄉的時間，比我出生還早呢。它的身影不僅遍布金門各島，在臺灣、澎湖、馬祖也是隨處可見，平凡無奇，常常讓人忘了它的存在。然而，自我懂事，以迄負笈臺灣、投身軍旅，它都與我長相左右，像是不離不棄的老朋友，這種樹就是「木麻黃」。

木麻黃又稱牛尾松，在金門通常簡稱為「麻黃」，是一種常綠喬木，具有樹性強健、生長力強，能抗風、抗旱、抗鹽份、耐潮等特性。根據文獻記載，木麻黃樹種被引進金門，是民國三十八年底，國軍轉進金門，除日常戰備訓練外，時受秋冬風沙走礫之苦。翌年，故總統蔣中正先生蒞金視導，見島上童山濯濯，且缺乏湖庫蓄水，乃指示當時的金防部司令官胡璉將軍，積極「植樹蓄水，綠化金門」。在防範風害及軍事需求的考量下，金門開始大量的造林及栽植行道樹，此期間並獲蔣夫人宋美齡女士主持的婦聯會慨贈木麻黃、相思樹、松樹與桉樹等各種樹苗五十餘萬株。迨至民國四十五年縣政府林務所成立，專責育苗和造林。歷經軍民六十餘年的慘澹經營、共同努力，終能造就林蔭夾道的景致，八十萬株各色樹種讓金門有了「海上公園」的美譽。

民國五十三年，時正就讀小四的我，在學校分配下，於母校金沙中心國校（現改稱金沙國小）磨石子滑梯圍牆邊，種了生平第一棵個人專屬的木麻黃樹苗，樹上掛著名牌，上有班級、學號與姓名，那是由我專責照顧的小樹，每天都要澆水，只能活不准死。等到我小學畢業，這棵樹已經有兩三公尺高。後來母校遷往榮湖畔，原校址先改為鎮公所，再換作警察派出所，老滑梯拆了，我的木麻黃也不知所終。因此，每次返鄉，路經那棟被劃為縣定古蹟的老校舍，都憮然若失，我的木麻黃在哪兒？

兒時的金門，瓦斯、水電不發達，燒水煮飯都用番薯藤、高粱桿、麥桿或枯木枝葉，煮豬食還可以用乾牛糞當燃料。木麻黃的枯枝（含枝幹和麻黃鬚條）與樹籽，因為火旺易燃，是很受歡迎的燃料。每逢假日或寒、暑假，我經常會背著麻布袋、簍筐，跟隨娘親到鵲山、龍陵湖等地去耙麻黃鬚、掃樹籽，收集了很多很多袋，但都捨不得自己燒，而是拿去賣給廷傑菜館，賺一點微薄的零用錢，貼補家用。娘親不善表達對於子女的關愛，但當她看到么兒竟日自動自發、毫無怨言跟在身後、默默的撿拾木麻黃的枝葉和球果（樹籽），她心中的欣慰其實是可以從眼神裡讀出來的。那些時間，也是我國中畢業離開家鄉前，跟娘親相處最親近的一段時光，娘兒倆共撿麻黃枯枝，勞動中藏著小小的喜悅、大大的親密，木麻黃啊木麻黃，你可做了最佳的見證！

木麻黃跟隨我，從金門到臺灣。投身軍旅，我曾兩度指揮部隊擔任海岸巡防的任務。在綿亙的海岸線之後，就是防風林，其中遍植木麻黃。那動輒數十公頃的防風林區，雜草叢生，遍布羊腸小徑，入夜後一片漆黑。複雜的環境，變成我「反走私」、「反偷渡」、「反滲透」及「反突擊」任務的夢魘。尤其是臺中港北堤防風林，廣達百餘公頃，由溫雅寮一直延伸到臺十七號道的前沿；通霄——白沙之間，防風林緊接著省道。這些地方，偷渡客、私梟一旦順利登岸快速竄入，要逮捕歸案，幾乎是難上加難。後來，我調整部署，將潛伏哨前推至高潮線，加大反制的縱深，狀況雖然逐漸改善，但對昔日心目中家鄉的守護神，今天變成犯罪者的最佳掩護，仍頗有感觸。我想樹林無善無惡，堅守頡抗風沙的任務，已盡其力。笑看人類以軍事的手段，來防制走私、偷渡，處理龐雜的經濟、社會問題，治絲益棼，恐怕也像它隨風飄盪的枝條一樣沉默無言吧！

▍上：金門太武山當年童山濯濯的樣子，與現在山林蒼鬱的風貌完全不同。
▍下：金門道路木麻黃林蔭夾道宮

作家阿盛曾在他的作品〈春秋麻黃〉一文寓事於物，他如此評價木麻黃，說：「驕傲孤寂的木麻黃，照應著做人的骨氣；不知達變的木麻黃，呼應著樸實內斂的性格，不討喜的名字，卻也能自在兀傲的存在著，一如它民俗中神奇的功效。」我不瞭解阿盛何以如此敘述木麻黃，但我一直認為木麻黃乾裂粗糙的樹幹、樸實無華的枝條，根深柢固，無畏風沙、苦旱、鹽分，十年、二十年、五十年，甚至百年，始終屹立不搖，堅守崗位的特質，其實非常深刻的對應著金門島民在戰亂、貧困環境中所淬鍊出來的性格，那就是忠實、堅毅、平凡與知足。我們的先民落番或徙居世界各地的奮鬥歷程，正是最佳明證啊！

至於阿盛批評木麻黃「不知達變」，恐怕是一個嚴重的誤解。木麻黃原是闊葉樹種，但為了因應自然環境的變化，放棄闊葉而模仿裸子植物，葉片退化成輪狀的鱗片葉（我們經常將細條枝－麻黃鬚誤為葉片，其實麻黃葉小得幾乎看不見），以減少水份的蒸發與海洋鹽分的侵襲，適應乾旱、重鹵的惡劣生存條件，這種因時因地的自我調整，怎麼會是「不知達變」?!假如還有疑問，我建議大家去澎湖濱海地區，看看海灘邊的木麻黃，非常多樹幹已經被強勁的季風吹彎，幾乎與地面平行。但非常神奇的，卻能從樹幹長出一、兩枝，甚至無數枝類似樹根的椏條，直插入土，像紮入泥土的鐵耙，牢牢地緊釘在那塊土地上，避免樹木被無情狂飆的東北風颳入大海，這不就是「千磨萬擊還堅勁，任爾東西南北風」的最佳寫照嗎？木麻黃，它應該是忠實、知足、懂得權變，更能奉獻的堅毅之樹啊。

身為一個土生土長的金門人，感懷六十餘年來成長茁壯的木麻黃，曾經與斯土斯民，共同度過那段漫天烽火、貧困艱苦的歲月，忠實無怨地在炎炎夏日蔽蔭往來行人，在瑟瑟冬日裡，悍拒凜冽刺骨的寒風，讓軍民得以感受樹在人在的溫暖。然而，時代與環境快速變遷，就像島上急遽銳減的駐軍，在林相更新及木麻黃已屆壽限的迷思裡，木麻黃樹林正快速的從浯洲大地退場，僅存的林蔭隧道，也只剩環島北路瓊林——金城一段。但是有權力的人基於一己之私，或愚昧無知，不瞭解那是金門最動人的風景、鄉親們最親切的記憶，以及老兵們最深刻的眷戀，卻以拓寬環島北路、改善交通安全為名，聽任施工廠商蠻橫砍伐怠盡，看著攔腰折斷，僅剩依舊深深紮入紅土地、粗逾雙人合抱的樹根，仰望北海岸空盪盪的天際線，回顧木麻黃曾經陪伴我們所走過的艱苦烽火歲月，內心充滿悲憤與不捨。金門人一向重視情義，感恩惜福，以一種短視顢頇而牽強的理由，粗暴對待長期呵護金門的木麻黃，這那裡是金門敦厚的傳統與風尚呢？思之黯然。

【後記一】子婿燈傳奇

王素真

金門一般傳統閩式建築，住家大廳屋樑上常見懸吊著燈籠，那就是「子婿燈」，又稱做「新郎燈」，是金門婚俗中男方必備的禮器。日前在雅加達家中與公公聊天，說起「子婿燈」的故事，十分傳奇。公公說：

「在印尼雅加達有位鄉親，名叫Barbie Ong，就是『王阿豬』，Barbie印尼話即是『豬』，奕民也認得這位鄉叔，本名王水生，金門中蘭人，十多年前六七十歲罹患肝病過世了。

阿豬親口告訴我，他名喚阿豬的由來。當年阿豬的父親結婚，祖父當家作主，依照金門老家習俗準備了一對子婿燈，因為燈、丁，閩南語同音，有燈才有丁，所以結婚是一定要掛上子婿燈的，象徵子孫綿延、宗族興旺、前途光明之意。

後來，阿豬的堂叔也要結婚了，來向阿豬祖父借子婿燈一用，祖父慨然允諾，就將兒子結婚用燈送給姪兒了。不意從此之後，阿豬的母親每次懷胎，只要是男孩必是死胎，始終就是無法生養兒子。很多年後，阿豬的祖父為此十分懊惱去問先生，難道自己真要無後？先生掐指一算，說道：『你哪有丁？你的燈早就沒啦。』原來是阿豬父親的子婿燈被送走了，所以才出不了丁。

瞭解原委後，阿豬的母親仍繼續努力，試試搏命生子，懷孕臨盆時，她不敢在屋裡生、也不敢在房裡生、更不敢在床上生，而是躲到豬圈裡去生。就這樣，終於生下寶貴男丁，名字就喚做『阿豬』啦。」

這麼重要的子婿燈，純手工製作，上寬下窄的桶燈造型，一面書寫自家姓氏，另一面則為家族燈號，燈上彩繪有牡丹、蓮花等吉祥圖飾，充分體現金門淵遠流長的宗族文化意識，也頗具傳統工藝之美。子婿燈既是金門婚俗中不可或缺的禮器，我家也有一段子婿燈趣談。

公公雖僑居異邦數十年，仍十分重視傳統倫理，在海外用心維繫禮教。一九九八年小叔奕民弟要結婚，公公特地來電吩咐我採買一對子婿燈備用。我到臺北萬華去找了一對古色古香的漂亮宮燈寄去，結果公公說不對，是要金門特製的才

子婿燈背面：燈號「理學正宗」

子婿燈正面：姓氏

是。於是我趕緊找人向金門古崗老師傅訂做兩盞「黃家」專屬、燈號「理學正宗」的子婿燈，果真美輪美奐，氣勢非凡。

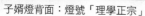

可是這子婿燈要怎麼送去印尼呢？一九九八年五月雅加達排華暴動正熾烈，新聞畫面店家整面玻璃被砸、牆面被燒漆黑，人心惶惶、商旅不行、街頭情勢緊繃，我們都行程暫緩了，子婿燈怎麼送去？就在奕民弟婚禮前，我和先生決定放手一搏，試試運氣，兩人拎著一對子婿燈，開車到桃園中正機場，找到飛往雅加達班機的check in隊伍，尋覓有緣人代送這特急件到府。

結果我倆運氣很好，經我自我介紹、說明來意後，一問就成功，一位臺商魏先生（在萬隆做女性內衣外銷美國）答應幫忙。就這樣，一對金門子婿燈千里迢迢、飄洋過海、準時送抵雅加達，掛在家裡大廳上，倍增喜氣。烽火五月天，此燈抵萬金，魏先生盛情可感，因這機緣魏先生也從此和公公成了朋友。

說起子婿燈，我們看著家裡奕民弟的那對新郎燈，公公微笑指著獻堂、獻偉兩兄弟稱：「就是這一對丁，民民的子婿燈就是這兩兄弟，準準準啊！」我告訴兩姪兒：「你們結婚，伯父伯母一定幫你們準備子婿燈，放心！一定出丁！」

【後記二】兩口鐵皮箱的故事

王素真

金門俗諺說落番是「六亡三在一回頭」，意謂十個離鄉出外闖蕩的，可能有六個身亡異地，三個能在他鄉倖存，只有一人或可衣錦返鄉；落番異邦，真是一條血淚斑斑、充滿艱辛的不歸路啊。我們家族也有段落番悲愴故事，就在兩口約莫一百四十年的鐵製旅行箱裡，今年過年在雅加達家中，婆婆就為我們說了這段老故事，還讓我和奕炳把兩口鐵皮箱帶回金門「思源第」家族會館保存，當作永久紀念。

我的婆婆陳雪香女士，是公元一九三七年出生在印尼的華裔，現年已逾八旬，與公公定居雅加達。婆婆說，她娘家是來自福建的閩南人，到印尼落番已超過一五〇年，有五、六代人了。婆婆的曾祖母沈九娘（Sim Tjiu Nio，一八五二－一九四五），曾祖父陳順英（Tan Sun Eng，？－一八八一），當年曾祖父從唐山落番到印尼，與曾祖母落腳在印尼爪哇中部華人聚集的羅沙朗，祖婆沈九娘育有一子陳隨喜（Tan Sui Hie，一八七〇－一九五〇），也就是婆婆的祖父。婆婆說：

就在曾祖母沈九娘三十歲那年（一八八一），曾祖父眼看落番多年，孩子也已十二歲，家道堪稱安定，遂興起返鄉探親之念，準備將故鄉家眷全數攜來南洋定居，於是隻身帶著兩口鐵皮行李箱，搭船飄洋過海返故里，只留下祖婆母子在家等候團聚。

不意，祖婆母子正數算著曾祖父的歸期已近，某日，家中一個派駐在三寶瓏（Semarang）港口等待的夥計匆匆奔回羅沙朗報訊：曾祖父返回唐山盤眷，就在三寶瓏（Semarang）因風大浪疾，船隻翻覆，曾祖父與家人全都葬身海底，全都亡故了！由於夥計是個啞巴，伊伊哦哦，無法說清楚細節，就只帶回曾祖父的兩口鐵皮箱！

突遭這晴天霹靂與巨大變故，令三十歲的曾祖母哀慟欲絕，孤兒寡母頓失倚靠，鎮日以淚洗面，悲傷過渡的曾祖母竟哭瞎了！後來，雙眼失明的曾祖母重新振作堅強自持，母子遷居吉利汶（Cirebon）安家落戶，另謀生計。

由於曾祖父與唐山的家人海難喪生，不確知亡故時間，所以曾祖母每年清明祭祖時，都會帶著家人晚輩到吉利汶（Cirebon）海邊灑花祭奠，追思曾祖父與唐山的家人。到現在一百多年來，五六代人，我們都還遵循著曾祖母留下的清明規矩，慎終追遠，毋忘先祖。

曾祖母對曾祖父一直記掛在心，小時候聽曾祖母說起曾祖父唐山老家的故事，語調溫和緩慢，彷彿時光倒流，畫面靜止了。我還記得，因為曾祖母看不見，每回總是先喊我名字：「雪香啊，你過來。」然後用她的手掌來回摩挲我臉頰，接著說：「喔，又長大了，也漂亮囉。」老人家的手厚厚綿綿的，那溫熱的感覺依稀猶存。

曾祖母在吉利汶（Cirebon）持家有成，兒孫滿堂，頤養天年到二次世界大戰結束，日軍戰敗離開印尼那年（一九四五）以九十四遐齡仙逝。曾祖父那兩口鐵製旅行箱一直留存著，祖父陳隨喜（Tan Sui Hie，一八七〇－一九五〇），以前出門就曾用過他父親的老鐵皮箱，後來到我父親陳新禮（Tan Sin Lee，一九〇六－一九七七）手上，這兩口鐵箱子後來重新油漆，保養過後就束諸高閣，早就當成古董了。現在曾祖父這兩口鐵皮箱跟著我和你們舅舅又搬到雅加達（Jakarta），幾十年來一直放在儲藏室裡，也不是辦法，你們就帶回金門「思源第」去，讓它重見天日吧。

婆婆說著祖婆與這兩口鐵製旅行箱的故事，說到當年曾祖母突接噩耗、哀慟逾恆、啼泣失明；說到年年清明時節，舉家奔赴海邊祭奠追思，望海興嘆；婆婆幾度哽咽，頻頻拭淚。這兩口先祖的鐵皮箱究竟承載了多少思念與哀愁？造物者在我們生命歷程中到底安排了多少試煉與考驗？正因為旅途中難免潛藏著未知的風險，故而公公婆婆與我們兒孫等等，出門搭機無論公務或家庭旅遊，全家一定分批分次、交錯組合，從來都是如此安排。

我和奕炳看這兩口婆婆託付的鐵皮箱，雖已有一百四十年歷史，但依然簇新，油彩鮮豔，鐵皮堅實耐磨，搬運耐摔，鎖頭也完好，在當年應該是很實用、很方便的行李箱。這兩口鐵皮箱，一紅一綠，綠的容量稍大，公公看著笑稱：「這紅與綠，剛好適合一男一女，夫妻一起出門啊。」隨後，公公吩咐把一包又一包的印尼咖啡、椰漿、茶葉、蝦餅，還有金門會館年刊、糕粿等等全塞進鐵皮箱內，一併運回金門！結果，這份滿滿的愛，暨濃郁又沈重的託付，總重量達四十九公斤！

從印尼爪哇（Java）的三寶瓏（Semarang）→吉利汶（Cirebon）→雅加達（Jakarta），再到臺灣臺北→福建金門，經過一百四十年繞了東亞一大圈的旅行，我們終於把高祖父的行李箱帶回唐山了，不知高祖母可看見了？來年清明我們再到三寶瓏（Semarang）或吉利汶（Cirebon）的海邊，大聲向二位高祖稟報，好嗎？

兩口鐵皮箱

【附錄】汶水黃氏華房「思源第」的家族故事

一、前言

「草有本，樹有根，解渴莫忘掘井人，飲水當思有源頭。」在生命的長河和歷史的洪流裡，個人像恆河沙數，實在是非常的渺小！但在血脈承繼和生命的延續鏈接中，又是多麼的重要與莊嚴。我們必須深刻瞭解自己從何而來，謙卑感恩地面對己身所出的源頭，才能清澈明確找到未來的出路。因此，不管你身在何處，意識形態為何，是否飛黃騰達或窮困潦倒，都不能否認血管裡所奔流的，是祖先汩汩不絕的基因與傳承。你現在回到這裡，站在祖先流血流汗耕耘過的芬芳土地上，無需自卑，也不必驕傲，在浩瀚的時空裡，「賢」與「不肖」如過眼雲煙，並不重要，重要的是：你是否認同自己的血緣和與生俱來的姓氏。以下，就讓我們重溫一下歷代祖先們奮鬥不懈的故事吧！

二、黃氏家族源起

我們的家族，淵遠流長，發源於遙遠的中國大陸北方。有人說我們最早的祖先，是住在河南固始、潢川，也有人認為是在湖北的江夏，不管怎麼說，黃氏家族是華夏大地最古老的家族之一，那是沒有任何疑問的。

根據統計，無論在大陸、臺澎金馬，甚至南洋，黃姓族親人數都在前十大之列，是華人十大姓氏之一，黃氏家族開枝散葉、瓜瓞綿綿。

我們的郡望（又稱祖號或堂號）叫「江夏」，旗號標誌為「江夏流芳」、「江夏世胄」；自從進入福建開基傳衍，枝脈又稱為「紫雲衍派」。嗣後，我們的先祖由泉州搬到同安金柄，再移居當年稱為「浯洲」的金門汶水以及汶浦，世稱「浯洲汶水黃氏華房」。因此，不管你來自那一房、那一柱，我們都是堂堂正正「正港」的黃家人！

我們的遠祖到底是誰，有很多不同的說法，自古以來，爭論不休。唯一沒有爭議的是：我們都源自黃帝軒轅或炎帝的後裔，是炎黃子孫。在古老的中國，黃河流域曾經有一個以「黃」氏為名的國家——「黃國」，到底是以國為氏，還是以姓氏作為國名，也沒有定論。但從戰國時代，便有一些姓黃的先賢、名人，出現在史冊記載裡，較為後代世人所熟知的，概有戰國時代楚國春申君黃歇，漢朝擁有「潁川世澤，江夏家聲」美譽的賢相黃霸，二十四孝之一「忠孝兩全，天下無雙」的孝子黃香，還有最早進入福建的遠祖會稽郡令黃道隆。

三、黃氏南遷福建

根據歷史文獻記載，固始（潢川）黃姓大規模向南方（福建）移居，共有四次：分別發生在西晉「永嘉之亂」（西元三一〇年），中原士族徙居閩地，也就是有名的「八姓衣冠渡江（入閩）」時，我們的先祖隨著晉朝的正朔南遷。繼之為唐朝初葉（西元六一八年）和末年（西元九〇七年），以及宋朝「靖康南渡」（西元一一二六年）以後，黃氏族人南徙以避戰亂。而我們黃氏開閩始祖元方

（彥丰）公，便是在西晉「五胡亂華，中原板蕩」（西元三〇四年）之後，帶領黃姓士族，隨著有名望的各大家族進入福建的。

因此，我們家族是在晉朝才大規模播遷到福建。根據文獻記載：泉州紫雲黃氏望族，源於湖北江夏黃香公裔孫黃侃，曾因故遷回原鄉河南固始，下傳五世至彥丰公（字元方），進入福建後，住在烏石山（即今福州黃巷新美里）。彥丰公再下傳十一世至黃崖，崖公先是住在侯官（即今福州），後來遷居南安豐州東南（即今泉州市區）。崖公一共生了兩個兒子，長子守恭，次子守美（亦有稱守寬者）。守恭公即是我們所熟知的紫雲始祖五安祖。

四、紫雲衍派肇始

守恭公（西元六二九－七一二）在家族史上，是一位非常受後代裔孫尊崇而傳奇的遠祖。他生於唐朝貞觀三年（西元六二九），是一位實業家，更是慈善家，曾經擁有現今福建泉州開元寺附近桑田六百餘畝，生產員工近五百餘人，是當時極具規模的絲綢商人。垂拱二年（西元六八六），因受到桑樹開蓮花等八大祥瑞徵兆的感召，應高僧匡護的要求，捐獻所有桑園、宅第，蓋了開元寺這間名聞古今中外的古剎，因為蓋廟當時有紫色的雲彩覆蓋大地，所以該寺又名「紫雲寺」，族裔乃自稱為「紫雲黃氏」，這就是我們堂號稱為「紫雲衍派」的由來。

守恭公育有五子，依序為經、紀、綱、綸、緯，子孫滿堂。當時，因為祖產都已捐獻建造佛寺，乃遵照聖僧匡護大師建議，教子志在四方，各自離鄉創業興家。長子經公遷居南安北濾溪，次子紀公搬往惠安黃田，三子綱公移居安溪葛盤，四子綸公居住同安金柄，么兒緯公則遠徙詔安高坑。於各房子孫臨別時，守恭公贈予「示兒詩」（又稱「認祖詩」、俗稱「鐃鈸詩」）一首，其內容傳頌至今：「駿馬登程往異方，任從隨處立綱常。汝居外境猶吾境，身在他鄉即故鄉。朝夕勿忘親命語，晨昏須薦祖宗香。蒼天有眼長垂佑，俾我兒孫總熾昌。」衍生出另一首「會親詩」：「五安五子各千秋，知是開元共一流；欲識紫雲真道脈，源頭始祖在泉州。」長久以來，這兩首祖訓詩，皆對凝聚黃氏宗親「血濃於水」的感情和力量，發揮深遠而鉅大的影響。

五、同安金柄開基

綸公（六六九－七五五）於開元寺興建之年，謹遵父命，攜眷登程遷來同安開基，世稱「紫雲同安房始祖」，是我們金門地區大多數黃氏宗親的遠祖（個人另撰寫「土驢三嘶－紫雲同安始祖綸公的故事」一文，敘述綸公南遷同安的傳奇故事）。

綸公生有七子八女，七子依次是文鳳、文龍、文閣、文樓、文雁、文燕、文鶯，分衍各地，支派眾多，範圍至廣。但因自唐朝以迄明代，同安房連續遭受三次官方剿殺迫害，族人流離失所，以至於族譜資料散失，沒有詳細記錄可以查考。唯根據《金柄舊（族）譜》記載，就我們所知的同安房黃氏，大部分分衍支脈，概為文龍公派裔孫。文龍公代代子孫興旺，人才濟濟。其曾孫穆宗公，在唐朝貞元二年（西元七八六年）登進士，當時同安房先後榮登進士第的人，多達二十四位，其中有五位於朝廷任官，還有四知府、六士卿、三知州、六知縣，可謂榮極一時。然而，盛名招忌，黃氏族人的優異表現，遭到奸臣李開潤等人嫉妒，遂以莫須有罪名構陷，奏請皇帝降禍同安房族親，全族遭到追殺而逃亡他鄉，四海為家，蓽路藍縷，重建家業。

同安黃氏經歷一場重大挫折後，依靠族人不屈不撓的奮鬥，不久就恢復生機。歷李唐、五代到宋朝，綸公後裔都有優異的表現。較為後人熟悉的有：唐末五代黃晟築寧波城，為築堤抗洪而犧牲，被追封為「江夏侯」，時隔千年，仍為浙江鄉民所推崇。宋太宗時，黃濟暨其侄佐堯先後進士及第，黃濟且為同安築城新設縣第一位進士，備受榮寵。宋代中葉，黃護、黃逸父子接續二十一年，出錢出力，興建安海與南安水頭間之安平橋（又名「五里橋」），在當時的工程條件下，迭遭挫折，建築過程極為漫長艱辛，故落成後譽滿天下，傳奇故事傳頌至今，猶為後人津津樂道，該橋自一九六一年即被大陸國務院列為全國重點保護文物，彌足珍貴。

然而，上天對黃家人的考驗，並未停止。明朝永樂二年，同安房黃氏又蒙受了一場滅族之難。其緣由是明洪武帝朱元璋駕崩，皇太孫建文登基。未幾，洪武帝四子燕王朱棣起兵奪位，稱永樂帝，大肆誅殺忠於建文帝的遺臣，這就是歷史上有名的「靖難之役」。綸公二十六世孫黃英儒，係當時有名的學者，由於輔佐建文帝，被奪取帝位的朱棣所懷恨。於是，永樂帝派兵剿殺同安房金柄全族三次，黃氏族人幾被清剿殆盡，倖存者也多流離失所，或遠避他鄉，甚至改姓避禍。英儒公有五個兒子，各避一方，史料記載，其三子振仙公遷徙金門，唯後裔又遷回大陸，另有記載，其四子振揚公的三子如復，遷居金門縣金園、金沙一帶。因此，無論根據何者溯源，我們家族應該是在明朝永樂二年以後（族譜記載為永樂三年）遷徙來到金門，族譜之記載，亦自此而更加清晰。

紫雲同安房黃氏宗親，歷代迭經政治迫害、官軍剿殺與戰亂摧殘，必須遠離家鄉以避禍。唯其如此，故黃氏紫雲同安房能夠遍布大陸各地、臺澎金馬，以及海外各國（在海外有部分自稱峭公後裔者，實有諸多係同安房後人），禍福相倚，大悲與大幸交織，歷史的弔詭如此難料。

六、浯洲汶水華房

如復公傳金園、金沙二公。金沙公有子四人，依序為佛信（字廷講）、佛宗（字廷誼）、發、臚。金沙公率諸子居汶水溪畔，即同安縣浯洲翔風里十七都六圖四甲汶沙保水頭鄉。在埔頭（鹽）埕以曬鹽維生，長子廷講公的鹽籍為「華」，其弟廷誼公鹽籍為「相」，此即華房、相房之由來。而發、臚二公被徵兵役離家，史傳發公死於軍旅，臚公被徵召頂替，不知所終。

廷講公定居於金沙汶水（今之後水頭），為浯洲（金門）汶水黃氏華房開基之始。公與夫人計生有六子，依序為子陵、子川、子崗、子雲、子岳、子山。其中除了長子子陵及四子子雲留在金門外，其餘各子後來分別移居大陸江西（二房）、東界九都（三房）、馬巷（五房）與南安（六房）。

長房子陵公生獨子敬所公，敬所公生二子，長子良江公（族譜所列「長房長」）派下居住田墩、同安蔡宅和官澳；次子良沛公（即「長房二」）後代子孫主要居住在汶浦（俗稱「后浦頭」），其餘支派散居於沙美、東珩、下莊、浦邊、料羅、溪邊、下新厝等地。

四房子雲公派下，則世居后水頭東甲及英坑，其曾孫黃偉，字逸叟，係明朝正德甲戌（西元一五一四）進士，正直敦厚，學識淵博，師承朱子理學道統，望重士林，此即我族燈號為「理學正宗」之由來。逸叟公曾擔任南雄、松江兩地知府，為官公正廉明，勤政愛民，為地方民眾所敬重，嗣後因不齒朝廷奸臣、宦官當政，政風腐敗，稱病返鄉孝養雙親，耕讀、傳授儒家理學，從事公益，並以《朱子家禮》為本，導正奢靡不良鄉俗。他去世後入祀鄉賢祠，在金門歷代鄉賢中，以高風亮節、德行完美，被後世稱讚為「品德完人」，其事蹟記載在《金門縣志》、洪受《滄海紀遺》等文獻。逸叟公是汶浦水岸畔「慈德宮」祭祀的主神「大王爺」，我族尊稱其為「太守祖」。現今慈德宮與逸叟公墓園（俗名「烏鴉落田」）暨逸叟公父（東郊公）母合葬、位於英坑的「馬仔墓」，均被列為金門縣定古蹟。

七、華房汶浦傳衍

我們汶浦黃氏是廷講公、子陵公、敬所公、良沛公一脈相承派下子孫。良沛公開始由汶水（俗稱后水頭）遷居到后浦頭，故稱之為「汶浦開基始祖」。良沛公單傳直樸公，直樸公單傳碧涯公，碧涯公生三子，依序為堯則、堯典、堯與，其中堯典公無後嗣，堯與公長子絕嗣，其次子雖然生有三子，但次子、三子早逝，長子單傳，其後裔不知所終，故后浦頭現有族親均係堯則公（又稱「一陽公」）傳衍，堯則公實際上就是汶浦的傳世之祖。

堯則公生希聖、希賢、希朱三子，長子希聖公再傳世炳、世爓、世煜、世燃四人。其中世燃公黃雄便是我們熟知的「司馬公」，亦即汶浦長長房四柱的開基祖，在咱們村落「西面」整修完成的祖厝（家廟），就是司馬雄公的故居。世燃公自幼聰穎，好學敏求，因品學兼優，由地方政府薦選為拔貢，根據族譜記載：他「於清康熙十四年（西元一六七五）補授河南汝州司馬（又稱汝州州同，係州知的副手，等同當今的副市長、副州長），治政清勤，陞署魯山縣事。」但依照清朝官制，拔貢出身，應先任從七品的官職歷練起，如政績優越，則升任正七品的知縣（縣長），然後按績效依序晉任至從六品（一說為正五品）的州同，兩任十一年。是以如非特殊事故，族譜對雄公職序之紀錄，恐係誤植致前後顛倒，正確的寫法應該是「世燃公（係拔貢出身）因治政清勤，陞署魯山縣事，（嗣因政績斐然），於康熙十四年（西元一六七五）補授河南汝州司馬。」雄公後來逝世於任所，並未歸葬，故東埔村前方司馬公墓園，僅係雄公之衣冠塚。而其二子慶公（字漢喜）隨雄公赴河南汝州就任，落地生根，亦未返回故里。慶公後裔，定居於河南魯山馬家庄，在乾隆年間，仍與故里維持聯繫，唯族譜之紀錄簡略而模糊。筆者在考據雄公職敘時，遍尋各種文獻，拜古籍搜尋引擎之賜，意外發現嘉慶年初編纂之《魯山縣志》，猶記載慶公長媳（雄公長孫媳）之節烈事蹟，唯年代久遠，其族裔今日已與汶浦宗族失連久矣。雄公名顯於外，其本人與後嗣之事蹟記載於外地方志，獨不見《金門縣志》或《同安縣志》有隻字片語提及，令人不解，實有深入探討之價值。

雄公生六子，分別為：輔、慶、機、奏、衮、冕，除次子慶公隨父北上赴任，餘仍留守家鄉。長子輔公，號漢軻，係本房柱十世祖，後世稱為「漢軻祖」。輔公生四子，長子士聰、次子士白、三子士樹（譜名士槐）、四子士良。本房為士槐公（十一世祖）所出，槐公攜眷由汶浦「西面」遷徙「東甲」，祖厝即今日「中間」雙落厝（當年僅有一落四櫸頭，現屋況係民國六十四年擴建而成）。槐公生五子，依序為允脩、允尊、允道、允貴、允漸。允道公為我十二世祖，生宣暚、宣昕二子。宣暚公（十三世祖）生三子，長子超玉，次子超碧，三子金針。

金針公，字天針，又字超雲，係宣暚公三子，為我十四世祖。傳長子良彪、次子良踏、三子良研。良彪公族譜失記，應係早逝或年少出外失連。良踏公暨其弟良研公聯袂落番，分別在印尼史叻班讓與新加坡營商。良踏公生六子，依序為長勝、熙判、熙有、長壽、長財、長金。長勝公與熙判公均曾隨父落番，後返鄉成家立業。良研公下南洋，原配留守家鄉，久之膝下猶虛，金針公乃命踏公以三子熙有公過繼予良研公。熙有公出生未滿月，母親遽逝，父、叔在外，兄長均未成年，為哺育故，經宗親長老公議，出養東店黃鏗公家十年，十歲贖回自養，過繼予良研公，由良研公夫人鄭攵女士及其長兄長勝公督責研讀書文，至弱冠時，搭船擬前往尋找良研公，繼承其家業，唯不幸於途中落海身亡。良踏公遂命長勝公以三子卓奢出嗣熙有公，承繼良研公—熙有公一脈香煙，此為我族兼祧良踏、良研二公的原由。

吾家曾祖父長勝公，字熙時，生於清道光二十三年（西元一八九七年）。偕妣陳汝女士育有卓略、卓池、卓奢、卓黨、卓坤（玉坤）、泰山等六子。除長子卓略公留守家園外，長勝公曾帶領二、三、四、五諸子赴南洋發展，嗣後三、四子先後返回金門，長勝公晚年亦返回故鄉，民國三年（西元一九一四年）逝世，與祖妣陳氏合葬龍鳳山。其六子泰山公早逝未娶，嗣一子克復，旅居印尼石馬丁宜（後改名為史叻班讓），與母親同登船，為救母而被重物所壓死，係當年家族令人痛心的一件悲劇。

先祖父卓奢公為長勝公三子，生於清光緒六年（西元一八八〇年），逝世於民國三十三年（西元一九四四年）。卓奢公娶古寧頭北山李看女士為妻，生六子五女，長子章水、次子章憨、三子章歲、四子章掘、五子章德、六子章義；五個女兒依序為專治、招治、網治、廉治、法治。卓奢公因子女眾多，食指浩繁，家境清寒，故將前四個女兒均送他人為童養媳，僅第五位女兒法治在長、次子苦苦哀求下，留下自己撫養；三女網治，原出養蔡厝蔡姓人家，據聞遭受養母虐待，日夜啼哭，卓奢公極感心疼不捨，連夜騎馬揹回自養。卓奢公四女廉治出生後即送人，另領養同齡的張英（東埔村人）為童養媳。正當子女已漸成年，可暫歇仔肩，不意厄運突然降臨，其長、次子陸續於民國十三、十四年（西元一九二四、一九二五年）以十八、十六歲之英年染疾猝逝，章憨公過世之時，三子章歲公尚在襁褓之中（出生未滿三個月），接連喪子之痛，錐心泣血，當年內心之痛苦、處境之艱困可知矣！故奢公輒對人言：「大兒無免死，小（閩南語與「歲」字同音）兒無免生。」遂以「歲」字為三子命名。卓奢公五十一歲，妣李氏四十五歲生下雙胞胎五、六子，因感念祖德宗功、蒼天庇佑，以及為人處世道德仁義之重要，乃為二人取名「仁德」、「慕義」。

卓奢公年輕時，曾短暫追隨其父長勝公赴南洋，擔任運補小船船員，未幾，因身體不適返回家鄉。奢公其熱心公益，處理事務公正果斷，為鄉里鄰人排解紛爭，以合理明快著稱。日本侵據金門，太武山海印寺僧尼避難大陸內地，鄉人懾於日寇淫威，亦不敢赴太武山進香，獨有卓奢公每月初一、十五，背負香燭、佛經、法器與打掃用具，由蔡厝登山步道（俗稱「百二階」）攀爬，至海印寺點燈上香、誦經禮佛，打掃清潔，風雨無阻，傳為佳話。

八、家族枝繁葉茂

卓奢公長子章水，次子章憨，分別出生於清光緒三十二年（西元一九〇六年）及宣統元年（西元一九〇九年），兩人僅差三歲。二公孝順父母，友愛弟妹，追隨卓奢公耕作，勤奮儉樸，為鄉里所讚揚。本可替父母分擔家計，使家庭漸漸脫離貧困處境，孰知天不假年、接連英年早逝，實可痛哉，為家族之痛苦往事！二公逝世後，合葬於水頭山，與卓耆公伉儷墓園近在咫尺。

卓耆公三子章歲公，生於民國十三年（西元一九二四年），棄養於民國八十四年（西元一九九五年），享年七十二歲。章歲公出生時正值家庭最艱苦之際，但也為黃家帶來繼續奮鬥的鼓舞和力量。章歲公勤儉樸實，熱心公益，於卓耆公逝世後，兄代父職，公正無私，開誠佈公、以身作則帶領三位弟弟（卓耆公去世時，四子章掘公十六歲，雙胞胎五、六子章德、章義二公均為十三歲），在夫人張英女士輔佐下，先務農繼之經商，開創家業，蓄積資產，唯其自奉甚儉，侍親至孝，對諸弟及子侄要求嚴格，行止具有威儀，其弟、弟媳與晚輩私下均暱稱「司令官」、「兩撇」（仁丹藥之標誌留有兩撇鬍鬚之國王）而不名。章歲公之事業，包含雜貨、金飾、木材、肉品、公糧等行業，嗣後擴及臺灣，與人共營土地開發、房地產及臺金航運。公與諸弟聯手，捐鉅資重修汶浦宗祠與慈德宮、汶鳳殿等廟宇，並修補穩固黃卓彬洋樓，且修建「慶餘居」舊雙落厝，擴建習慣稱為「中間」的「長春及第」舊祖居，並將其護龍廂房展延重建為雙落閩式建築，與添成公（譜名卓成）之舊家雙落連成一氣，形成現今榮湖畔金門十大景「汶浦水岸」最具特色的建築群，其對家族之壯大居功厥偉，無可置疑。

章歲公元配張英生一女三子，依序為彩華、奕展、奕森（又名太平）、奕炳。長子奕展，兼祧章水公子嗣；次子奕森，兼祧章憨公子嗣；三子奕炳，出生即出嗣下南洋的章掘公。繼室王淀生一女一子，次女美和，四子永安。長子奕展，屏東農專畢業後，奉父命返鄉照顧家庭，長期服務於教育界，曾任金門多年國小、沭美國小校長，桃李春風，於民國一百零二年（西元二〇一三年）榮退。次子奕森追隨章歲公赴臺灣發展，經營貨運有成，惜於民國八十三年（西元一九九四年）病逝。其餘子女均能克紹箕裘，各有所成。章歲公嗣因長女、次子先後病逝，憂傷成疾，雖經手術治療，仍於民國八十四年（西元一九九五年）落葉歸根，病逝於「慶餘居」舊家。

卓耆公四子章掘公，生於民國十七年（西元一九二八年），幼年家境貧困，必須協助卓耆公耕作種田，或外出作粗工，以補家計。卓耆公仙逝時，其時方滿十六歲，正於湖下舊機場做工，聽聞噩耗，頂著臘月狂飆風沙，一路傷痛哭號，縱橫金門東西兩端，赤腳奔跑近三小時，匍匐奔喪。即使晚近與後輩回憶述及飛沙走石奔喪之痛，仍依悉如昨印象深刻。章掘公為人誠信忠厚，敬天法祖，孝順父母，尊敬兄姊、長輩，愛護諸弟及晚輩。其為幫助家計，奉母命先娶妻繼出國，民國三十六年（西元一九四七年）與湖前陳標治女士結婚十餘日，即束裝落番下南洋，歷經艱辛與動亂，先在星洲做粗工，繼赴印尼史叻班讓協助堂兄照顧雜貨店，嗣後陸續從事航運和貿易。章掘公之事業，主要包括造船、航運、貿易、建築、金融、砂石、咖啡、礦泉水……等各種行業。掘公經商與為人處事講誠信、講義理，誠懇篤實，為世所重。其事業略有所成後，年節不忘匯節敬予宗族長輩，濟助貧苦族人鄉親，回饋椰城、鄉里公益，協助僑校及華僑事務不遺餘力，係雅加達金門自助會永久名譽主席，更榮膺中華民國僑務委員。掘公對家鄉或南洋之子侄晚輩與鄉親，大力提攜，即使曾受矇騙或倒帳，仍能不念舊惡，依然提拔照顧有加。章掘公承父兄之風，自奉甚儉，雖然資產日豐，但往來南洋、臺金或世界各地，依然搭乘經濟艙而不以為苦，衣食但求溫飽不求享受，其作風之簡約低調，足為晚輩之楷模。

章掘公婚後十餘日即落番（出洋），出外打拚，夫人則獨自留在家鄉侍奉婆婆，以迄民國四十七年（西元一九五八年）南下依親，時間長達十餘年，此期間，由母親卓奢公夫人李看作主，領養章葳公剛出生之三子奕炳為祧子，以安慰其在家鄉之寂寥。章掘公夫人到新加坡依親後，於民國五十年（西元一九六一年）領養嗣子奕聰，翌年（西元一九六二年）即生長女彩娥。其後，因印尼排華動亂，印尼與新加坡、馬來西亞交惡，交通中斷數年，章掘公復於椰城娶陳雪香為妻，生三子奕民、次女彩玲。章掘公嗣長子奕炳及長，投身軍旅，歷任陸軍十軍團指揮官、陸軍副司令及國防部常務次長等重要軍職，於民國一百零二年（西元二〇一三年）榮退後，轉任臺北大南汽車公司董事長，嗣後又奉調榮僑投資公司董事長。章掘公其餘子女陸續承接南洋各項事業，克紹箕裘，皆有建樹。

卓奢公五子章德（字慕德）、六子章義（字仁義）係雙胞胎，唯出生相差一日。德公生於民國二十年（西元一九三一年）四月三十日，出生後，母親李夫人因家貧無人照料，隨即下床並往汶鳳殿（鄉人稱為「後宮（廟）」）洗滌衣物，活動中但覺腹內仍有異物蠕動，卓奢公遂往宮廟上香祈福並抽籤詩，詩句為「枯木逢春發雙芽」，翌日（五月一日）凌晨再生下章義公，創下雙胞胎而生日月、日均不同之傳奇。卓奢公感念天道有常，仁義道德之重要，故將新出生之二子，分別命名為仁義、慕德，敘其章字輩分，而為章德、章義。據上：我家族向有孿生之基因遺傳，卓奢公夫人李看與其胞弟係龍鳳雙胞胎，章德、章義兩公為雙龍同胞兄弟，民國六十一年（西元一九七二年），章德公又生下奕儒、彩琳龍鳳胎，遺傳之奇妙，令人嘆為觀止。

章德公忠厚淳樸，生活簡約，曾任職金沙鎮公所，嗣後從事客運運輸。娶官澳楊玉麗（亦稱「木耳」），生三子六女：長子奕木、次子奕泰、三子奕儒；長女彩璇、次女彩珍、三女彩敏（幼年為宗親黃川均所收養）、四女彩真、五女彩嬌（已逝）、六女彩琳。其長子奕木曾任金沙國中輔導室主任，長女彩璇曾當選全國模範婆媳代表。德公於民國九十八年（西元二〇〇九年）因病逝世。

章義公誠懇樸實，坦率直爽，承接家族務農傳統，勤奮不懈。與孿生兄長章德公同日成親，娶東蕭蕭玉蟬（又名蕭昧），生四子四女：長子奕煌、次子奕焮、三子奕烽、四子奕龍，長女彩芬（已逝）、次女彩綿、三女彩雲、四女彩婉（幼年為其東蕭二舅領養）。其長子奕煌畢業於政戰學校，退役後任職於榮民服務系統，現已退休；次子奕焮曾當選金沙鎮長，現為金沙鎮代表，經營水果批發零售，尤其是香蕉批發，號稱「金門香蕉大王」；四子奕龍曾擔任故總統經國先生貼身侍衛，目前從事臺金航運；其餘子女亦皆能安其本業，各有所成。章義公於民國一〇六年病逝。

卓耷公暨夫人李看女士生有五個女兒，長女專治生於民國元年（一九一二），及長嫁浦邊何克瓶，中年罹白內障，行動不便，唯仍經常返回汶浦探視母親。次女招治，生於民國三年（一九一四），嫁廖媽居，後隨夫下南洋，定居馬來西亞新山。三女網治生於民國六年（一九一七），嫁惠安莊轉生，因國共內戰，大陸與金門交通中斷，遂定居娘家附近。轉生公係手藝精巧之木工匠師，且因就近之便，伉儷協娘家助諸弟務農、經商，不遺餘力，對我家族興旺，至有貢獻。四女廉治，生於民國八年（一九一九），嫁廈門吳明全，民國三十八年（一九四九）隨夫返回廈門，因兩岸分治，終其一生未曾再返回故鄉。五女法治，生於民國十一年（一九二二），在原生家庭長大，是卓耷公暨夫人最親近的小女兒，四個弟弟最敬畏的小姊姊，及長嫁浦邊何明源，嗣後隨夫攜子女移民定居新加坡，民國九十四年病逝於僑居地。

九、結語

總之，我家族先人或為避戰禍、或為謀生與家庭發展，由北向南，迭經播遷，歷經艱難困苦、危險頓挫，終能落地生根，定居於汶浦，這就是守恭公在一千多年前就已經勉勵我們：「汝居外境猶吾境，身在他鄉即故鄉」。身為黃氏家族的一員、廷講公的裔孫，應該瞭解：有明一代以來，金門已經是我們的故鄉，汶浦水岸畔的美麗家園，是歷代祖先用血淚與汗水辛苦灌溉、經營而來，敬天法祖，感恩惜福，是我們對待這塊土地最大的禮敬。當然，我們也不可以忘記：對岸的泉州，是紫雲原鄉，遙遠的固始（潢川），更是江夏後裔魂牽夢縈的心靈故鄉。古訓：「一等人忠臣孝子，兩件事讀書耕田」，忠臣孝子首重飲水思源，不能忘本，唯有瞭解根源之所從出，才能知道未來要到何處去，念祖溯源的重要性在此，目的也在此。

四年多以前，承章掘公之命，返鄉構建「思源第」－「汶浦黃氏家族故事館」，其原始目的，不是衣錦還鄉、誇耀自重，更不是為了個人的享受，而是「根留故鄉」，在家鄉建立一個心靈的原鄉，讓臺灣、南洋，乃至世界各地的家人，心有所屬、有個依歸。我們深切希望，屬於這個家族的人，不論你身在何處、窮通貧富、發達與否，都可以回到這塊土地，它像猶太人的哭牆，也像電影《阿凡達》中納美人的生命之樹，讓你可以重溫祖先的教訓，擁抱家人與宗親的溫情，親炙母親島的鼓舞、傾訴深沈的鄉愁與哀傷。然後，從這裡重新出發，走向更康莊廣闊的未來！

廷講公十九世裔孫奕炳謹誌

語言文學類　PC0807　秀文學27

故里鄉情
——前陸軍副司令黃奕炳的金門故事

作　　者／黃奕炳
責任編輯／劉亦宸
圖文排版／周好靜
封面設計／蔡瑋筠

發 行 人／宋政坤
法律顧問／毛國樑　律師
出版發行／秀威資訊科技股份有限公司
114台北市內湖區瑞光路76巷65號1樓
電話：+886-2-2796-3638　傳真：+886-2-2796-1377
http://www.showwe.com.tw
劃撥帳號／19563868　戶名：秀威資訊科技股份有限公司
讀者服務信箱：service@showwe.com.tw
展售門市／國家書店（松江門市）
104台北市中山區松江路209號1樓
電話：+886-2-2518-0207　傳真：+886-2-2518-0778
網路訂購／秀威網路書店：https://store.showwe.tw
國家網路書店：https://www.govbooks.com.tw

2019年3月　BOD一版
定價：300元

國家圖書館出版品預行編目

故里鄉情 : 前陸軍副司令黃奕炳的金門故事 / 黃奕炳著. -- 一版. -- 臺北市 : 秀威資訊科技, 2019.03

面； 公分. -- (秀文學 ; 27)

BOD版

ISBN 978-986-326-664-8(平裝)

1.人文地理 2.福建省金門縣

673.19/205.4 108001995

讀者回函卡

感謝您購買本書，為提升服務品質，請填妥以下資料，將讀者回函卡直接寄回或傳真本公司，收到您的寶貴意見後，我們會收藏記錄及檢討，謝謝！

如您需要了解本公司最新出版書目、購書優惠或企劃活動，歡迎您上網查詢或下載相關資料：http:// www.showwe.com.tw

您購買的書名：______________________________

出生日期：________年________月________日

學歷：□高中（含）以下　□大專　□研究所（含）以上

職業：□製造業　□金融業　□資訊業　□軍警　□傳播業　□自由業
□服務業　□公務員　□教職　□學生　□家管　□其它______

購書地點：□網路書店　□實體書店　□書展　□郵購　□贈閱　□其他

您從何得知本書的消息？

□網路書店　□實體書店　□網路搜尋　□電子報　□書訊　□雜誌
□傳播媒體　□親友推薦　□網站推薦　□部落格　□其他__________

您對本書的評價：（請填代號　1.非常滿意　2.滿意　3.尚可　4.再改進）

封面設計____　版面編排____　內容____　文／譯筆____　價格____

讀完書後您覺得：

□很有收穫　□有收穫　□收穫不多　□沒收穫

對我們的建議：______________________________

____

____

____

請貼
郵票

11466
台北市內湖區瑞光路 76 巷 65 號 1 樓
秀威資訊科技股份有限公司 收
BOD 數位出版事業部

（請沿線對折寄回，謝謝！）

姓　名：＿＿＿＿＿＿＿＿　年齡：＿＿＿＿　性別：□女　□男

郵遞區號：□□□□□

地　址：＿＿＿＿＿＿＿＿＿＿＿＿＿＿＿＿＿＿＿＿

聯絡電話：（日）＿＿＿＿＿＿＿＿（夜）＿＿＿＿＿＿＿＿

E-mail：＿＿＿＿＿＿＿＿＿＿＿＿＿＿＿＿＿＿＿＿